KB268918

성공하는 비즈니스 영어로
반남부터 협상까지!

Ciaran Pietzka

저자 Ciaran은 영국 Cambridge에서 학업 후, 6년째 삼성, LG, SK, 두산 등의 대기업과 영어교육기관에서
강의를 하고 있다. 작년까지 고려대에서 영어를 강의했고, 현재 신흥대 교수로 재직 중이다.
한국에서의 오랜 강의 경험을 통해 누구보다 한국인들의 문제점을 잘 알고 있는 한국인 대상 영어교육
전문가이다. 저서로는 『English Conversation - Small Talk』와 『English Conversation - Survival Talk』가 있다.

BUSINESS TALK 비즈니스 토크

초판 인쇄일 ㅣ 2012년 3월 30일
초판 발행일 ㅣ 2012년 4월 10일
지은이 ㅣ Ciaran Pietzka
발행인 ㅣ 박정모
발행처 ㅣ 도서출판 혜지원
주소 ㅣ 서울시 동대문구 장안1동 420-3호
전화 ㅣ 02)2212-1227
팩스 ㅣ 02)2247-1227
홈페이지 ㅣ http://www.hyejiwon.co.kr

편집진행 ㅣ 김형진, 이희경
본문디자인 ㅣ 박혜경
표지디자인 ㅣ 김보라
영업마케팅 ㅣ 김남권, 황대일, 서지영
ISBN ㅣ 978-89-8379-695-0
정가 ㅣ 13,000원

Copyright©2012 by Ciaran Pietzka All rights reserved.

No Part of this book may be reproduced or transmitted in any form,
by any means without the prior written permission of the publisher.

이 책은 저작권법에 의해 보호를 받는 저작물이므로 어떠한 형태의 무단 전재나 복제를 금합니다.

● **잘못 만들어진 책은 구입한 서점에서 교환해 드립니다.**

BUSINESS TALK

Ciaran Pietzka 지음

혜지원

Preface

Hello, my name is Ciaran Pietzka and I am from Wales, in the UK. I have worked in Korea as an English teacher for the past six years, teaching students of all ages and levels. I have taught in private schools, public schools, universities and large corporations, and I believe that the majority of such places lack the key element of conversation to enhance students' English ability. Having taught everything from vocabulary to grammar, I believe that the best way to start or enhance one's English ability is through conversation. This is why I have researched and written English conversation books that can help with everyday topics. I hope this book proves to be a useful English language tool, regardless of whether you are just starting out or are at an advanced level.

Ciaran is a graduate from Anglia Ruskin University, Cambridge, where he studied English Literature. Married with a daughter, he is currently working in Korea as a writer and educator at Shinheung University.

Everyday English conversation "Business Talk" is the Third in a series of books. Ciaran is also the author of Everyday English Conversation "Small Talk" and Everyday English Conversation "Survival Talk".

안녕하세요. Ciaran Pietzka입니다. 어느덧 저의 모국인 영국 웨일즈에서 한국에 온지 6년이 지났습니다. 한국에서 지내는 동안 저는 사립 및 공립학교, 대학, 대기업 등에서 다양한 연령과 수준의 학생들을 가르쳐 왔습니다. 영어를 가르치는 동안, 대부분의 학생이 영어 실력을 향상시키는 핵심 요소인 회화의 중요성에 대한 이해가 부족하다고 느꼈습니다. 어휘부터 시작해서 문법에 이르기까지 모든 분야를 가르쳐 왔지만 영어 실력을 향상시키는 가장 좋은 방법은 '회화'라고 생각합니다. 그래서 저는 일상생활 및 비즈니스 상황에서 쉽게 활용할 수 있는 영어회화법을 오랜 기간 연구한 끝에 이 Everyday English Conversation 시리즈를 집필하게 되었습니다. 이 책이 여러분께 영어회화의 해답을 제시해주는 유용한 도구가 되길 희망합니다.

이 책의 저자 Ciaran은 캠브리지의 앵글리아 러스킨 대학에서 영문학을 전공했습니다. 한국인 아내와 결혼하여 딸 한 명을 두었으며, 현재 신흥대학교의 교수이자 저자로 활동하고 있습니다.

『Business Talk』는 Everyday English Conversation 시리즈의 세 번째 책이며, 기존 저서로는 일상 회화를 다룬 『Small Talk』, 여행 영어를 다룬 『Survival Talk』가 있습니다.

Dedicated to my greatest achievement and beautiful daughter, Chloe.

Ciaran Pietzka

1 우선 처음부터 끝까지 가볍게 읽어봅니다.

영어 표현의 정확한 뜻에 큰 신경 쓰지 말고 처음부터 끝까지 가볍게 읽어봅니다.

2 영어 표현의 의미를 되새기며 다시 한 번 학습합니다.

회화 학습에 있어서 문장 해석 연습은 큰 효과가 있습니다. 이는 마치 수학에서 문제를 풀어보는 것과 같습니다. 문장 해석 훈련은 언어 두뇌를 발달시키고 내가 하고 싶은 말을 영어로 바로 이야기할 수 있는 능력을 키워줍니다.

3 원어민 발음으로 녹음된 CD를 반복해서 들어봅니다.

미국식, 영국식 발음의 원어민 발음을 듣고 큰 소리로 따라하는 연습을 해보기 바랍니다. 대화 연습은 꼭 상대방이 있어야만 할 수 있는 것은 아닙니다. 연극배우들이 대사를 연습하듯 홀로 말하기 연습을 하는 것도 큰 효과가 있습니다.

4 비즈니스 차원에서 외국인을 만나기 전에 미리 한 번 훑어봅니다.

예를 들어 소개팅 자리에서도 내가 이야기할 것을 정리한 후 나가면 훨씬 재미있는 대화를 할 수 있습니다. 마찬가지로 비즈니스 상황에서 외국인을 만날 때 이 책을 전체적으로 훑어보면 대화를 이어가는 데 큰 도움이 될 것입니다.

1 질문 표현과 답변 표현을 동일한 분량으로 실었습니다.
많은 사람이 영어회화 학습을 할 때 자신의 이야기만 연습하는 경향이 있는데, 이는 잘못된 방식입니다. 언어란 주고받는 것입니다. 따라서 영어로 자신의 이야기를 할 수 있는 만큼 상대방에게 질문도 할 수 있어야 합니다.

2 예문은 가능한 한 직역하였습니다.
한국어와 영어가 직역으로 딱 맞아 떨어지지 않지만 해석 훈련을 위해, 그리고 영어식 표현에 익숙해질 수 있도록 예문은 가급적 직역했습니다. 따라서 한국어로는 간혹 어색한 문장이 있을 수 있습니다.

3 'Talking Tip'과 '자주 범하는 실수' 코너는 영어 설명까지 수록했습니다.
영어 설명까지 읽고 이해하면 영어 학습에 더욱 도움이 될 것입니다.

4 편집은 심플하게 했습니다.
여러 정보를 잡다하게 학습하는 것보다 한 문장을 학습하더라도 자신감 있게 말할 수 있는 것이 회화학습에서 가장 중요합니다. 따라서 단어나 문법용례에 대한 잡다한 정보는 가급적 배제하였고 편집도 가급적 심플하게 했습니다.

5 반복되는 예문이 많습니다.
이는 언어생활의 패턴에 기인합니다. 서로 어떤 주제에 대해서 좋아하고, 싫어하고, 무엇을 좋아하는지 등의 대화를 할 경우 비슷한 패턴의 질문과 답변을 하기 때문입니다. 그런 이유로 동일 질문이 반복되는 경우가 있는데, 오히려 반복 학습 효과를 얻을 수 있을 것입니다.

01 안부 묻기 Asking how someone is

How are you?

어떻게 지내세요?

○ CD A-01-01 / B-01-01

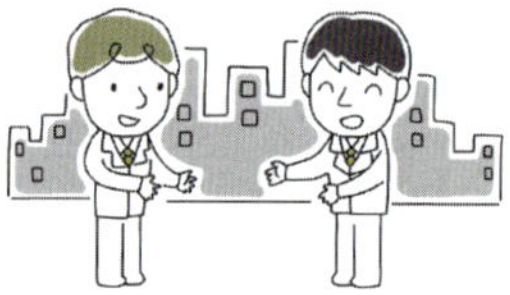

상대방의 안부를 묻는 것은 흔한 스몰토크 중 하나이자 대화를 시작하기 좋은 소재입니다.

A

How are you?
어떻게 지내세요?

How have you been?
어떻게 지내셨나요?

How have you been since we last met?
지난번에 만난 이후로 어떻게 지내셨나요?

How have things been?
별일 없으시죠?

What's been going on?
어떻게 지내고 계세요?

What's new with you?
새로운 소식 있나요?

8 Business Talk

알아두면 유용하게 사용할 수 있는 팁입니다. 문법뿐만 아니라
영어권 국가의 사회 문화적 특징을 설명하고 있어서 대화를 더
욱 자연스럽게 나눌 수 있도록 도와줍니다.

Talking Tip

앞 페이지와 같은 질문에 대한 답변으로 주로 Great,
Fantastic, Wonderful과 같은 긍정적인 대답을 합니다. 부정
적으로 대답을 한다면 Why?라는 질문이 뒤따르기 마련입니다. 그러므로
이를 피하기 위해서는 긍정적인 답변을 하는 것이 좋습니다.

영어 설명도 읽어보세요!

The above questions are usually followed with a positive answer(Great, Fantastic,
Wonderful, etc). However, if the answer is negative, the question Why?, will usually
follow, so you should try to be positive to prevent further questioning.

자주 범하는 실수

What's up?이나 What's going on?과 같은 표현을 공적인 자리에서 사용하
지 마세요. 이런 일상적인 표현은 친한 친구와 대화할 때 사용하는 것이 맞
습니다.

영어 설명도 읽어보세요!

Do not use informal words like 'What's up?' or 'What's going on?' in formal
situations. They should only be used in informal settings, such as when talking to a
close friend.

영어 설명까지 수록하여 영어 표현을
궁금해 하는 학습자들의 궁금증을 해
소하고, 더욱 깊이 있는 영어 학습을
도와줍니다.

신경 쓰지 않으면 틀리기 쉬
운 실수들을 짚어줍니다. 자
칫 틀리기 쉽지만 초보적인
실수라 주의를 요하는 사항
들을 친절히 설명합니다.

Contents

Topic 3

Talking about work 일에 대해 이야기하기

Contents

Topic 4 — Negotiation skills 협상 기술

Contents

Topic 7 — Calling in sick 아파서 결근해야 할 때

Topic 8 — Excusing yourself 양해 구하기

Topic 9 Showing sympathy 동정심 표현하기

Topic 10 Inviting someone out 초대하기

Contents

1 / 비즈니스 스몰토크의 규칙

비즈니스 상황의 스몰토크(한담)와 일반적인 상황에서의 스몰토크는 완전히 다릅니다. 다양한 스몰토크의 주제로 넘어 가기 전에, 비즈니스 상황에서 스몰토크를 할 때 해야 할 것들과 해서는 안 될 것들에 관해서 강조하고 싶습니다. 아래의 규칙들이 도움이 될 것입니다.

❖ **절대 곧바로 사업 이야기를 하지 마세요.** 여러분은 지금 스몰토크를 하고 있다는 것을 기억하세요. 그러므로 사업 이야기를 하기에 앞서 약간의 유머나 농담이 필요합니다.

❖ **절대 yes 혹은 no로만 대답하지 마세요.** 누군가가 질문을 하면 반드시 상대방이 만족할 수 있도록 진지한 답변을 줘야 합니다. 이것은 여러분이 상대방과 조금 더 대화를 하고 싶다는 것을 말해줍니다.

❖ **웃으며 대화하세요!** 너무 진지한 사람이라는 인상을 주고 싶지 않다면 스몰토크를 할 때 웃는 얼굴로 상대방에게 호감을 표시하세요.

❖ **절대로 종교나 성적인 내용 혹은 정치적인 이슈에 관해서 이야기하지 마세요.** 이와 같은 주제는 너무 사적인 내용이기 때문에 꼭 필요한 상황이 아니라면 이야기하지 않는 것이 좋습니다. 본문에서 정치 관련 주제 스몰토크에 대해 다루고 있으니 살펴보세요.

❖ **나이를 묻지 마세요.** 상대방의 나이가 여러분보다 어리다면 상관없지만, 비즈니스 상황에서 만나는 대부분의 사람들은 비교적 높은 나이대가 많으므로 조심하는 것이 좋습니다.

❖ **상대방의 나라와 문화에 대해 미리 조사하세요.** 상대방이 외국인이라면, 상대방의 나라와 그 나라의 문화에 대해 알아 두어야 합니다. 본문에서 보다 자세히 다루고 있으니 살펴보세요.

❖ **마지막에 나눴던 대화 내용을 기억하세요.** 상대방과 나눈 마지막 대화 내용을 꼭 기억해야 합니다. 이것은 여러분이 상대방에게 관심을 갖고 있고, 마지막 미팅을 중요하게 생각했다는 것을 보여줍니다.

❖ **이름을 꼭 기억하세요.** 다음에 또 만나게 될 사람의 이름을 기억하는 것은 매우 긍정적인 영향을 미치는 반면, 그렇지 않을 경우 상대방을 불쾌하게 할 수 있습니다.

❖ **스몰토크는 짧게 하세요.** 단지 yes나 no로만 대답하는 것도 좋지 않지만, 스몰토크를 너무 길게 하지 않는 것 역시 중요합니다. 대화가 길어질 경우 상대방을 지루하게 할 수 있습니다.

❖ **상대방에게도 질문을 하세요.** 내 이야기만 하지 말고 상대방에게도 질문을 하세요. 이는 여러분이 상대방에게 관심이 있다는 것을 보여줍니다.

❖ **상대방을 쳐다보고 경청하세요.** 대화를 하는 도중 상대방이 여러분을 쳐다보고 있지 않는 것만큼 무례한 행동은 없습니다. 그러므로 상대방이 말을 할 때 그들의 눈을 쳐다보도록 하세요. 이것은 여러분이 상대방의 이야기를 경청하고 있다는 것을 보여줍니다.

❖ **긍정적인 태도로 말하세요.** 어떤 주제에 관해 이야기를 할 때 너무 부정적으로 이야기하는 것은 피하도록 하세요. 여러분의 성격이 부정적으로 비춰질 수도 있습니다.

❖ **너무 저돌적으로 자기주장을 이야기하지 마세요.** 스몰토크를 할 때 가벼운 대화 내용을 유지하도록 하세요. 사업에 관련된 이야기를 할 때 너무 극단적이거나 문제의 소지가 있을 만한 의견이 아니라면 자신의 생각을 말하는 것은 괜찮습니다.

❖ **절대로 상대방이 말하는 중간에 끼어들지 마세요.** 상대방이 말을 마치기 전에 이야기를 끊고 자신의 이야기를 해서는 안 됩니다. 이러한 행동은 상대방을 불쾌하게 할 수 있습니다.

❖ **질문이 끝날 때까지 기다리세요.** 질문에 대한 대답을 하기 전에 상대방이 질문을 끝마칠 때까지 기다리세요.

❖ **명함을 받으면 잠깐 주시하세요.** 누군가가 명함을 건넬 경우 지갑에 넣기 전에 몇 초 정도 받은 명함을 응시하세요. 그것이 예의 바른 행동입니다. 절대로 명함을 받자마자 지갑에 넣지 마세요.

❖ **누군가 방안으로 들어 올 때 일어나서 맞이하세요.** 누군가가 방 안으로 들어 올 때 일어나서 맞이하는 것은 언제나 예의 바른 행동입니다. 특히 비즈니스 상황에서는 이러한 격식을 지키는 것이 좋습니다.

2 / 비즈니스 상황에서의 식사 매너

레스토랑이나 바에서 비즈니스 미팅을 할 때의 규칙에 대해 알려달라고 하는 사람이 많습니다. 아래의 몇 가지 규칙을 살펴보세요. 서양인과의 미팅이라고 가정했으니 유념하세요.

❖ **정시에 도착하세요.** 기본적인 규칙으로서, 약속시간을 지키지 못한다면 상대방의 신뢰를 얻을 수 없습니다.

❖ **절대로 상대방의 주문을 대신하지 마세요.** 한국에서는 흔히 있는 일이지만, 서양에서는 상대방이 주문하도록 해야 합니다.

❖ **상대방이 먼저 주문하도록 배려하세요.** 이것은 기본적인 매너입니다.

❖ **테이블에서는 금연하세요.** 테이블에서의 흡연은 매우 무례한 행동으로 간주됩니다.

❖ **서비스에 대한 불만을 이유로 할인을 요구하지 마세요.** 만약 여러분이 친구나 가족과 함께 있는 경우에는 상관없지만, 비즈니스 파트너와 함께 있는 경우에 그렇게 해서는 안 됩니다.

❖ **팁을 남겨야 합니다.** 팁 문화에 익숙하지 않을지라도 팁을 남기는 것이 바람직합니다. 나라마다 팁 액수가 다르므로 레스토랑에 가기 전 해당 국가의 팁 문화에 대해 미리 숙지해야 합니다.

❖ **옷을 잘 차려 입으세요.** 비록 사무실에서 만나는 것은 아니지만, 여러분의 비즈니스 파트너나 중요한 인물을 만나는 자리이기 때문에 옷을 잘 차려 입어야 합니다.

❖ **불만을 정중히 이야기하세요.** 기분 나쁜 서비스나 음식의 맛이 좋지 않은 경우 등 불만을 이야기해야 하는 경우, 정중하게 사과를 요구해야 합니다. 다시 말해서 예의 바르게 하되 언성을 높여서는 안 됩니다. 이를 통해서 여러분이 문제를 잘 해결하는 사람이라는 인상을 줄 수 있습니다.

3 서양의 인사 예절

만남의 출발점이 되는 인사는 매우 중요합니다. 미국, 캐나다, 호주, 영국 등 서양권의 인사 문화가 유사하므로 아래 인사 예절을 잘 익혀두도록 하세요.

❖ **상대방의 눈을 쳐다보기** 서양 사람과 인사를 할 때 눈을 쳐다보는 것은 존경의 표시입니다. 뿐만 아니라, 여러분이 자신감 있고 신뢰할 수 있는 사람이라는 것을 보여줍니다. 아시아에서는 상대방의 눈을 쳐다보는 것이 예의 없는 행동이라고 인식되기 때문에 이것이 종종 반대로 인식되는 경우가 많지만, 서양인들과 만날 때 상대방의 눈을 쳐다보는 것은 당연한 것이기 때문에 걱정할 필요가 없습니다.

❖ **악수하기** 누군가를 처음 만날 때 상대방의 눈을 보면서 악수를 하는 것은 매우 중요합니다. 완벽한 악수 방법은 조금 강하게 하는 것입니다. 힘을 빼고 약하게 악수하지 마세요. 자신감이 없어 보일 수 있습니다.

❖ **미소 짓기** 누군가를 처음 만날 때는 항상 웃으세요. 미소가 여러분의 인상을 결정하기도 합니다. 예를 들어, 만약 미소를 짓지 않는다면 상대방은 여러분이 첫 만남에 대해 만족스러워하지 않는다고 생각할 수 있습니다. 또한, 여러분이 친절한 사람이 아니라고 생각할 수도 있습니다.

누군가와 한국에서 처음 만난다면 한국의 인사 방식에 따라야 합니다. 비록 한국을 방문한 손님이라 할지라도 고유의 인사 방식을 바꿀 필요는 없습니다. 방문하는 상대방은 사전에 방문 국가의 인사 방법에 대해 조사를 하고 오기 때문입니다. 영어를 모국어로 사용하는 상대방과 만날 때 항상 서양의 인사 예절을 따라야 한다는 것은 잘못된 인식입니다. 사실, 대부분의 서양인은 다른 나라의 인사 방식을 배우기를 기대하고 있습니다.

Topic 1

Business Small talk
비즈니스 스몰토크

비즈니스 파트너가 외국인이건 내국인이건 딱딱한 비즈니스 상황을 풀 수 있는 소소한 대화는 반드시 필요합니다. 이번 토픽에서는 비즈니스 스몰토크를 할 때 해야 할 것과 하지 말아야 할 것에 대해 중점을 두고, 흔히 범할 수 있는 실수들에 대해 배우도록 하겠습니다.

How are you?

어떻게 지내세요?

상대방의 안부를 묻는 것은 흔한 스몰토크 중 하나이자 대화를 시작하기 좋은 소재입니다.

How are you?
어떻게 지내세요?

How have you been?
어떻게 지내셨나요?

How have you been since we last met?
지난번에 만난 이후로 어떻게 지내셨나요?

How have things been?
별일 없으시죠?

What's been going on?
어떻게 지내고 계세요?

What's new with you?
새로운 소식 있나요?

앞 페이지와 같은 질문에 대한 답변으로 주로 Great, Fantastic, Wonderful과 같은 긍정적인 대답을 합니다. 부정적으로 대답을 한다면 Why?라는 질문이 뒤따르기 마련입니다. 그러므로 이를 피하기 위해서는 긍정적인 답변을 하는 것이 좋습니다.

영어 설명도 읽어보세요!

The above questions are usually followed with a positive answer(Great, Fantastic, Wonderful, etc). However, if the answer is negative, the question Why?, will usually follow, so you should try to be positive to prevent further questioning.

자주 범하는 실수

What's up?이나 What's going on?과 같은 표현을 공적인 자리에서 사용하지 마세요. 이런 일상적인 표현은 친한 친구와 대화할 때 사용하는 것이 맞습니다.

영어 설명도 읽어보세요!

Do not use informal words like 'What's up?' or 'What's going on?' in formal situations. They should only be used in informal settings, such as when talking to a close friend.

How was your flight?

비행은 어떠셨나요?

외국이나 다른 도시에서 막 도착한 상대방과 대화를 시작하기에 좋은 표현입니다.

❶ How was the flight?
비행은 어떠셨나요?

❷ How was your flight?
비행은 편안했습니까?

❸ Was your journey OK?
여행은 괜찮았나요?

❹ How was your journey?
여행은 어떠셨습니까?

❺ Was the flight OK?
편안한 비행이었나요?

❻ I trust your flight was good.
여행 도중 불편한 점은 없었던 것 같아 보이네요.

비행 도중 불편함이 없었는지 묻는 질문은 흔히 묻는 안부 중 하나입니다. 하지만 상대방이 기차나 자동차, 혹은 다른 형태의 교통수단을 이용했고, 상대방의 여행에 대해 묻고 싶다면 Was your journey OK? 또는 How was your journey?라고 묻는 것이 좋습니다.

영어 설명도 읽어보세요!

Asking about someone's flight is a common question to ask. However, if the person has traveled by train, car, or another form of transport, and you still want to ask about the journey, saying 'Was your journey OK?' or 'How was your journey?' is fine.

앞의 질문에 대부분 긍정적으로 답하지만, 사람들은 비행기를 타고 여행하는 것이 길고 지루하며 불편하다는 사실을 알고 있습니다. 그러므로 부정적인 대답을 해도 괜찮습니다. 다음 페이지에 긍정적인 답변과 부정적인 답변의 예가 있습니다.

영어 설명도 읽어보세요!

In most cases, the previous questions will be answered with a positive statement. However, everybody knows that flights can be long, tedious, and uncomfortable, etc, so a negative answer is also OK here. The next page shows some examples of positive and negative answers.

 **B** It was quick, thanks.
오래 걸리지 않았네요. 고맙습니다.

I slept all the way through.
오는 내내 잠을 잤습니다.

It was a long flight.
꽤 긴 여행이었습니다.

There was a lot of turbulence.
오는 동안 비행기가 심하게 요동친 적이 여러 번 있었습니다.

It was tiring.
지치네요.

It was not bad.
그럭저럭 괜찮았습니다.

The flight was good.
괜찮았습니다.

자주 범하는 실수

비록 부정적인 답변들도 있지만, 지나치게 부정적인 표현이 아니라는 것을 알아두세요. 누군가를 만날 때 항상 긍정적인 태도를 갖는 것이 좋습니다. 심지어 기분 나쁜 일을 겪었다 하더라도 좋은 인상을 남기고 싶다면 긍정적인 태도를 취해야 합니다. 지나치게 부정적으로 말하는 것은 상대방에게 자주 불평하는 사람이라는 인상을 심어줄 수도 있습니다.

영어 설명도 읽어보세요!

Although some of the previous sentences are negative, notice how they are not too negative. When meeting someone it is always best to speak in a positive manner, even if you have had a negative experience, as you want to give a good impression. Speaking too negatively can give people the impression that you are someone who complains often.

How is the hotel?

호텔은 마음에 드십니까?

● CD A-01-03 / B-01-03

이번 주제 역시 다른 도시나 외국으로부터 막 도착한 상대방에게 이야기하기 좋은 소재입니다.

A

❶ How is the hotel?
호텔은 마음에 드십니까?

❷ Is your hotel OK?
호텔은 괜찮습니까?

❸ Is the hotel to your suiting?
숙소가 당신에게 잘 맞으세요?

❹ Is the hotel to your liking?
숙소가 당신의 취향에 맞습니까?

❺ Everything OK with your hotel?
호텔에서 지내는 데 불편함은 없으세요?

질문 중에 to your suiting 또는 to your liking이라는 표현은 어떤 것이 마음에 드는지 묻는 표현입니다. 그리고 이런 표현을 다른 주제에 응용해서 사용할 수 있습니다. 예를 들면, Is the food to your suiting? 또는 Is the music to your liking? 등으로 사용할 수 있습니다.

영어 설명도 읽어보세요!

Being asked whether something is 'to your suiting' or 'to your liking' is the same as being asked whether you like something, and you can do this with other topics too. For example, saying 'Is the food to your suiting?' or 'Is the music to your liking?' is perfectly fine.

이런 질문 뒤에는 주로 긍정적인 답변이 돌아옵니다. 스몰토크를 하는 동안 부정적인 답변을 하는 사람은 거의 없기 때문입니다. 다음의 답변들 중에서 어떠한 것이라도 앞의 질문에 대한 대답이 될 수 있습니다.

영어 설명도 읽어보세요!

These questions on page 29 are usually followed by a positive answer, as the person is unlikely to want to sound negative during a small talk conversation. Any of the following answers can be used with any of the previous questions.

B
Yes, great. Thanks.
네, 마음에 듭니다. 고맙습니다.

It will do nicely, thank you.
괜찮을 것 같아요, 고마워요.

It's fine, thanks.
좋아요, 고맙습니다.

Talking Tip

앞의 질문에 대한 답변으로 thank you라고 말하는 것은 흔한 일입니다. 질문하는 사람이 궁극적으로 묻고자 하는 것은 상대방의 안부입니다.

영어 설명도 읽어보세요!

It is common to say 'thank you' when answering one of the previous questions. After all, the person asking the question is showing concern about your wellbeing.

자주 범하는 실수

어떠한 질문에 대한 답변으로 yes 또는 no로만 대답하지 마세요. 이것은 상대방에게 여러분이 더 이상 대화를 하고 싶지 않다는 인상을 줍니다.

영어 설명도 읽어보세요!

You should try not to answer any question with just a 'yes' or 'no' answer. This can come across as you not wanting to engage in the conversation further.

Did you go anywhere on vacation this year?

올해 휴가기간에 어디 다녀오셨어요?

CD A-01-04 / B-01-04

휴가는 오래간만에 만나는 상대와의 비즈니스 스몰토크에서 대화하기 좋은 소재 중 하나입니다. 그러나 최근에 상대방을 만났다면 아래의 질문을 피하는 게 좋습니다.

① **Did you go anywhere on vacation this year?**
올해 휴가기간에 어디 다녀오셨나요?

② **What did you do during your vacation?**
휴가를 어떻게 보내셨나요?

③ **Did you travel anywhere for your vacation?**
휴가 때 어디 다녀오셨습니까?

④ **Did you go anywhere nice this vacation?**
이번 휴가기간에 어디 좋은 곳이라도 다녀오셨어요?

vacation은 미국식 영어 표현입니다. 영국식 표현은 holiday입니다. 다음은 앞의 질문에 대한 답변입니다.

영어 설명도 읽어보세요!

You should know that the term 'vacation' is American English, with the word 'holiday' used in British English. Here are some possible answers to the previous questions.

①②③④

B

I went to the USA.
미국에 다녀왔습니다.

I was too busy to go anywhere.
너무 바빠서 아무 데도 갈 수가 없었어요.

I had to work.
일이 많았습니다.

I traveled to Canada.
캐나다를 다녀왔습니다.

I went to the beach with my family.
가족과 함께 해변에 다녀왔습니다.

I just took a long needed rest.
그냥 충분히 쉬었어요.

질문에 대한 대답을 한 후, 상대방에 대한 관심의 표시로 역시 같은 질문을 하는 것이 좋습니다. 이때 What about you? 또는 And you?라고 질문하세요.

영어 설명도 읽어보세요!

After answering the questions on page 32 you should ask the same question back to show that you also have an interest in the other person. You could do this by asking 'What about you?' or 'And you?'.

자주 범하는 실수

휴가를 다녀온 국가를 언급할 때, 올바른 영어 국가명이 맞는지 확인하세요. 특정 국가의 정식 영어 표기법이 한국어 표기법과 같다는 생각은 오해입니다. 대부분의 표기법이 같지만, 그렇지 않은 것도 있습니다. 다음은 잘못 알고 있는 표기법의 예입니다.

영어 설명도 읽어보세요!

When naming the countries you have been to, make sure you get the English name right. It is a common misconception that the English name of a country is the same as it is in the Korean language. While many are the same, there are many others that are not. Some common errors are:

국가명	잘못된 표기	옳은 표기
체코	Checko	Czech Republic
이탈리아	Italia	Italy
독일	German / Dutch	Germany
네덜란드	Dutch	The Netherlands / Holland
브라질	Brazillia	Brazil
태국	Thai	Thailand
인도	Indo	India
아프리카	나라 이름이 아님. 대륙 이름	Africa

the UK, the USA, the Philippines와 같은 일부 국가명을 제외한 대부분의 국가명 앞에는 정관사 the를 붙여서는 안 됩니다. 예를 들면, I come from the Korea.라는 표현은 잘못된 표현입니다. I come from Korea.가 맞는 표현입니다.

Besides a few countries such as the UK, the USA, the Philippines etc, most countries should not have the definite article 'the' before their name. This is one of the most common mistakes I have come across and one that should be avoided. For example, saying 'I come from the Korea.' is wrong, with the correct sentence being 'I come from Korea.'

How is the weather over there?

거기 날씨는 어떤가요?

CD A-01-05 / B-01-05

날씨 역시 비즈니스 스몰토크의 좋은 주제입니다. 아래에 자주 묻는 질문을 살펴보세요.

How is the weather over there?
거기 날씨는 어떤가요?

Is the weather good in your country this time of year?
이 시기에 당신 나라의 날씨는 좋습니까?

What's the weather over there like this time of year?
보통 이 시기에 당신 나라의 날씨는 어떤가요?

Is the weather different from here?
이곳과 날씨가 다른가요?

앞의 질문에 여러분이 원하는 대로 대답을 해도 됩니다. 대답이 긍정적이든 부정적이든 상관없습니다.

영어 설명도 읽어보세요!

You can feel free to answer these questions as honest as you want. It doesn't matter whether you give a positive or negative answer.

자주 범하는 실수

다음과 같은 실수는 자주 일어나지는 않지만, 그래도 짚고 넘어가겠습니다. weather와 whether는 소리와 발음이 정확하게 동일하지만 둘의 의미는 완전히 다릅니다. 말을 할 때는 문제가 되지 않지만, 글을 쓸 때는 문제가 될 수 있습니다. weather는 명사로서 대기의 상태를 말합니다(The weather is cold.). 반면, whether는 대명사로서 대안을 소개할 때 사용됩니다. 예를 들면, Do you know whether it will be rainy or sunny tomorrow?처럼 말이죠.

영어 설명도 읽어보세요!

I have only come across this problem once in a business class, but thought I would mention it. The words 'weather' and 'whether' sound and are pronounced exactly the same, yet they have completely different meanings. This is not a problem when speaking, but is a common mistake when writing. 'Weather' is a noun that describes the state of the atmosphere("The weather is cold."). However, 'whether' is a pronoun used to introduce an alternative, for example, "Do you know whether it will be rainy or sunny tomorrow?".

How old are your children now?

자녀들의 나이가 어떻게 되나요?

CD A-01-06 / B-01-06

이 주제는 이전에 상대방을 만났고, 그의 가족들에 대해 이미 대화를 나눈 경우에 적합합니다. 아래의 질문하기 좋은 예를 살펴보기 바랍니다.

How old are your children now?
자녀들의 나이가 어떻게 되나요?

How are your children?
아이들은 잘 크고 있죠?

Your kids must be tall now, right?
아이들이 지금은 꽤나 컸겠네요, 그렇죠?

What grade are your children in now?
아이들이 지금 몇 학년인가요?

제시된 질문 중 어느 것이라도 전혀 문제되지 않습니다. 그러나 다음에 상대방을 만날 때를 대비해서 상대방이 이야기한 내용을 기억하세요. 상대방 자녀의 나이나 이름을 기억하면 상대방에게 좋은 인상을 심어줄 수 있습니다. 여러분이 그들에게 관심을 갖고 있다는 표시이기 때문입니다. 이러한 정보를 기억하고 있다면, 이름과 나이를 바꿔서 아래와 같이 질문할 수 있습니다.

영어 설명도 읽어보세요!

Asking any of the previous questions is perfectly fine, however, you should try to remember their answer for the next time you meet. Remembering the ages/names of somebody's children has a very positive effect as it shows you are interested. If you remember this information, you could ask the following questions, changing the names and ages to relate to your conversation.

A

How old is Mike now?
Mike가 올해 몇 살이죠?

Mike must be thirteen now, right?
Mike가 13살이죠, 맞죠?

How is little Mike doing?
Mike는 잘 지내고 있나요?

Lucy must be tall now, right?
Lucy가 지금쯤 꽤 많이 자랐죠, 그렇죠?

Lucy is in the third grade now, right?
Lucy가 지금 3학년이죠, 맞죠?

상대방의 자녀에 대해 이야기하는 것은 긍정적인 결과를 만듭니다. 그렇지만 상대방의 아내나 남편에 대해 이야기할 때는 주의를 기울여야 합니다. 아래 질문들은 적당합니다.

Talking about someone's children will create a positive response; however, you should be careful when talking about someone's wife or husband. The below questions are fine:

How is your wife(husband)?

아내(남편)는 잘 지내죠?

How has your wife(husband) been?

아내(남편)는 요즘 어떻게 지내요?

How is Paul?

Paul은 어떻게 지내나요?

Is Julie OK?

Julie는 잘 지내고 있죠?

자주 범하는 실수

위 질문은 괜찮지만 사적인 질문은 하지 않는 것이 좋습니다. 예를 들어, 상대방의 남편이나 아내의 나이를 묻는 것은 적절하지 않습니다.

These questions are fine, but you should try and refrain from asking a personal question here. For example, asking the age of someone's wife or husband is not OK.

Do you play golf?

골프를 치시나요?

● CD A-01-07 / B-01-07

스포츠에 관한 이야기는 상대방과 친밀한 관계를 형성하기 좋은 주제입니다. 왜냐하면 공통의 관심사를 찾아서 이야기하는 것이 관계 형성에 도움이 되기 때문입니다. 여러분 과 상대방 양쪽 모두 좋아하는 스포츠를 알고 나면, 그 다음 대화를 진행하는 것이 매우 수월합니다. 아래 스포츠와 관련된 질문을 살펴보세요.

Are you into football?
축구를 좋아하세요?

What sports do you like?
어떤 스포츠를 좋아하시나요?

Do you enjoy hockey?
하키를 좋아하세요?

Do you play golf?
골프를 치시나요?

What soccer team do you follow?
어떤 축구팀을 응원하시나요?

Are you into any sports?
좋아하는 스포츠가 있나요?

참고하세요. 미국에서는 축구를 soccer라고 하지만, 영국에서는 football이라고 합니다.

into는 무언가를 즐기거나 좋아한다는 표현에 사용할 수 있습니다. 그러므로 I am into golf.는 I like golf. 또는 I enjoy playing golf.라고 말하는 것과 같습니다.

영어 설명도 읽어보세요!

Just so you know, in American English the term is 'soccer', but in British English the term is 'football'.

Furthermore, saying that you are 'into' something is the same as saying that you like or enjoy something. Therefore, saying 'I am into golf.' is the same as saying 'I like golf.' or 'I enjoy playing golf'.

상대방과 여러분의 공통 관심사를 알고 나면 대화를 이어나가는 것이 무척 쉬워집니다. 다음은 상대방에게 질문하면 좋은 예입니다.

영어 설명도 읽어보세요!

After you have established a common interest with someone, it will be very easy to have a conversation with that person in the future. Page 43 show some examples of questions you could ask.

 **Did you watch the game last night?**
어젯밤 경기를 보셨나요?

Did you hear about Wayne Rooney?
웨인 루니의 소식 들으셨어요?

Have you played any golf recently?
최근에 골프를 쳐보셨나요?

Did you play any golf over the weekend?
주말에 골프를 치셨나요?

Did you go golfing over the weekend?
주말에 골프 치러 가셨습니까?

Did you see the football results?
축구 경기 결과가 어떻게 됐죠?

Did you see Park Ji Sung's goal?
박지성 선수가 골 넣은 것 보셨나요?

자주 범하는 실수

스포츠나 취미 앞에 the를 붙이지 마세요. Did you play the golf over the weekend?라고 묻는 것은 틀린 표현입니다. Did you play golf over the weekend?라고 묻는 것이 맞습니다. 이는 모든 스포츠에 동일하게 적용됩니다.

영어 설명도 읽어보세요!

Do not put 'the' in front of a sport or hobby. Saying 'Did you play the golf over the weekend?' is wrong. Saying 'Did you play golf over the weekend?' is correct. This rule is the same with all sports.

사람들이 흔히 하는 실수 중 하나가 스포츠나 취미를 이야기할 때 play, do, 또는 go를 혼동하는 것입니다. 경기 내용이 경쟁적인 형태를 띠고 있다면 play를 사용합니다. 예를 들면, I play golf. 또는 I play poker. 등으로 사용합니다. 그리고 해당 스포츠가 경쟁적인 형태라기보다 여가나 오락적인 성격을 띤다면 I do exercise.와 같이 do를 사용합니다. 마지막으로 ing 형태로 끝나는 스포츠나 행동에 대해서는 I go fishing. 처럼 go를 사용합니다.

A common mistake is confusing the words 'play', 'do' or 'go' when talking about hobbies or sport. We use 'play' when talking about sports or activities that in general have a competitive aspect to them, for example, "I play golf." or "I play poker.". We use 'do' when talking about activities perhaps considered more recreational than competitive, such as "I do exercise". We use 'go' with activities that end in 'ing'. For example, "I go fishing".

I saw on the news that...

…와 관련된 뉴스를 봤습니다

CD A-01-08 / B-01-08

정치적 이슈는 굉장히 민감한 주제이기 때문에 대화할 때 주의해야 합니다. 그리고 스몰 토크를 할 때 이에 대해 언급하는 것을 가급적이면 피하는 것이 좋습니다. 만약 정치와 관련된 대화를 해야 한다면, 상대방을 화나게 하거나 모욕을 줄 수 있는 상황은 피하고 비교적 가벼운 주제에 대해서만 이야기하는 것이 좋습니다. 또한, 특정 주제에 대한 자신의 의견을 이야기하는 것도 피해야 합니다. 아래의 예가 도움이 될 것입니다.

I hear that...
…에 대해 들었습니다

I read that...
…에 대해 읽었습니다

I heard that...
…에 대해 들었습니다

I saw on the news that...
…와 관련된 뉴스를 봤습니다

I was told that...
…에 대해 들었습니다

앞의 예는 가벼운 정치적 사안에 대한 대화를 시작하기에 좋은 방법입니다. 상대방의 의견을 요구하는 주제가 아니기 때문입니다. 게다가 이러한 주제를 언급하는 것은 여러분이 상대방 나라의 이슈에 대해 관심을 갖고 있다는 것을 보여줍니다. 다음 페이지의 예문처럼 매일매일 일어나는 사소한 일에 대해 언급하면서 대화를 마무리 지을 수도 있습니다.

영어 설명도 읽어보세요!

The previous examples are a great way to start a light conversation about politics because they do not require someone to give an opinion. In addition, they show that you have taken an interest in their country's issues. You can finish the conversation with everyday issues, like page 47 shows.

 I hear that the election will start soon.
선거가 곧 시작될 것이라는 소식을 들었습니다.

I read that President Lee will visit Britain next week.
이 대통령께서 다음 주 영국을 방문할 예정이라는 기사를 봤습니다.

I heard that school lunches are now free in Korea.
한국에서는 학교에서 무상으로 급식을 제공한다고 들었습니다.

I saw on the news that the Winter Olympics will be held in Korea.
한국에서 동계올림픽이 개최될 것이라는 뉴스를 봤습니다.

I was told that the Korean economy has been improving.
한국의 경제가 점점 나아지고 있다고 들었습니다.

자주 범하는 실수

대화 도중 What do you think about…? 또는 이와 유사한 질문을 하지 마세요. 왜냐하면 이는 다른 사람의 의견을 강요하거나 토론으로 이끌 수도 있기 때문입니다.

영어 설명도 읽어보세요!

Try not to start a conversation saying 'What do you think about…?' or a similar question, as this could force the other person to give an opinion or even lead to a debate.

What's the food like where you are from?

당신 나라의 음식은 어떻습니까?

CD A-01-09 / B-01-09

상대방의 문화나 나라에 대해 이야기하는 것은 훌륭한 스몰토크 주제입니다. 왜냐하면 이는 여러분이 상대방에 대해 관심을 갖고 있다는 것을 보여주기 때문입니다. 또한, 모든 사람들이 자신과 익숙한 주제에 대해 이야기하는 것을 좋아하기 때문에 상대방으로부터 좋은 호응을 얻을 것입니다. 아래 예를 살펴보세요.

What's the food like where you are from?
당신 나라의 음식은 어떻습니까?

Are there many mountains back home?
당신의 나라에는 산이 많은가요?

What is your country famous for?
당신의 나라는 무엇으로 유명합니까?

Is it cold this time of year where you are from?
이 시기에 당신의 나라는 춥습니까?

What do people from your country like to do in their free time?
당신의 나라에서는 사람들이 여가시간에 주로 무엇을 하나요?

너무 사적인 질문이 아니라면 어떠한 질문을 해도 괜찮습니다. 상대방의 문화, 나라에 대한 질문보다 더 좋은 것은 여러분이 이미 그러한 것을 알고 있다는 것을 보여주는 것입니다. 누군가와 정치에 대해 이야기하는 것과 동일한 방법으로 이런 대화를 할 수 있습니다. 아래에 좋은 예가 있습니다.

영어 설명도 읽어보세요!

Any questions are fine as long as they are not too personal. Even better than asking questions about someone's culture and country is showing that you already know about these things. You can do this in the same way that you talk to someone about politics, therefore, the below examples are fine.

I hear that...
…에 대해 들었습니다

I read that...
…에 대해 읽었습니다

I heard that...
…에 대해 들었습니다

I saw on the news that...
…와 관련된 뉴스를 봤습니다

I was told that...
…에 대해 들었습니다

I hear that kimchi is a healthy food where you are from.

당신의 나라에서는 김치가 건강에 도움이 되는 음식이라고 들었습니다.

I read that there are many mountains where you are from.

당신의 나라에는 산이 많다는 것을 읽은 적이 있습니다.

I heard that your country is famous for baseball.

당신의 나라는 야구로 유명하다고 들었습니다.

I saw on the news that it's cold this time of year where you are from.

당신의 나라에서는 지금 이 시기가 춥다는 것을 뉴스에서 봤습니다.

I was told that people like to hike in your country.

당신의 나라에서는 사람들이 하이킹을 좋아한다고 들었습니다.

자주 범하는 실수

상대방의 나라에 대한 조사를 정확하게 해야 합니다. 저 또한 저의 모국에 대해 잘못된 정보를 가지고 이야기하는 사람들이 여러 번 있었는데 당황스러운 상황이 이어졌습니다.

영어 설명도 읽어보세요!

Make sure you research the correct country. My country has been mistaken for a different one on numerous occasions, and has always led to an embarrassing situation.

제가 생각하기에 한국에 온 이후로 가장 많이 받은 질문은 Can you eat kimchi?입니다. 누군가에게 김치를 먹을 수 있냐는 질문은 적절하지 않습니다. 왜냐하면 그런 질문은 너무 일반적이고, 엄밀히 말하면 원하든 원하지 않든 누구나 김치를 먹을 수 있습니다. Can you eat spicy food, like kimchi? 또는 Is kimchi too spicy for you?와 같이 보다 자세하게 물어보는 것이 적절합니다.

I think the most common question I have been asked in Korea is 'Can you eat kimchi?' Asking whether someone can eat kimchi sounds strange because it is too general, as technically 'everyone' can eat kimchi, whether they want to or not. The correct question should be 'Can you eat spicy food, like kimchi?' or 'Is kimchi too spicy for you?', as they are more specific.

Let's talk about something else if you don't mind.

실례가 안 된다면 다른 이야기를 하도록 하죠.

CD A-01-10 / B-01-10

언급하고 싶지 않은 주제에 대해 이야기할 때는 말하기를 꺼린다는 의사표현을 해야 합니다. 이런 의사표현을 정확하게 하지 않았을 때는 어색한 상황으로 이어질 수도 있습니다. 이러한 상황을 적절하게 대처할 수 있는 예를 살펴보세요.

I'm sorry, but I would prefer not to talk about that.
유감스럽지만 이에 대해 말하고 싶지 않습니다.

Do you mind if we talk about something else?
다른 주제에 대해 이야기해도 될까요?

I'm sorry, is it OK to change the subject?
미안하지만 다른 이야기를 해도 될까요?

With all due respect, I would like not to talk about that.
송구합니다만 그에 대해 말하고 싶지 않습니다.

Can we change the subject?

다른 이야기를 할 수 있을까요?

Let's talk about something else if you don't mind.

실례가 안 된다면 다른 이야기를 하노록 하죠.

I would prefer not talking about that.

그 이야기를 하고 싶지 않습니다.

위의 예문 중 하나를 사용한다면, 상대방은 그 주제가 여러분을 기분 나쁘게 한다는 것을 알아차리고 다시 언급하지 않을 것입니다.

영어 설명도 읽어보세요!

If you use one of the previous sentences, the person you are talking to will realize that the topic is upsetting for you and will hopefully not bring it up again in the future.

Topic 2

Introducing yourself and others

자기소개하기

비즈니스 상황에서는 자기소개를 하는 순간이 오기 마련입니다. 그 자리가 얼마나 어색한 자리이건 자기소개를 피할 방법은 없습니다. 매끄럽게 자기소개를 하기 위해서는 많이 노력해야 합니다. 이번 토픽에서는 공적인 자리에서 자기소개하는 방법과 타인을 소개하는 방법, 그리고 조금은 편안한 상대방에게 자기소개하는 방법을 살펴보겠습니다.

Hello, my name is David Jones.

안녕하십니까. 저의 이름은 David Jones입니다.

Hello, my name is David Jones.
안녕하십니까. 저의 이름은 David Jones입니다.

Hi, my name is David Jones.
안녕하세요. 저의 이름은 David Jones입니다.

Good morning. My name is David Jones.
좋은 아침입니다. 저의 이름은 David Jones입니다.

Good afternoon. I am David Jones.
좋은 오후네요. 저는 David Jones입니다.

Good evening. I am David Jones.
좋은 저녁입니다. 저는 David Jones입니다.

이와 같은 표현들이 가장 자주 사용되는 격식 있는 자기소개 방법입니다. 이름을 말하기에 앞서 Good morning, Good afternoon 또는 Good evening이라고 하는 것은 그저 Hello 또는 Hi라고 하는 것보다 더 공손한 인사 방법입니다.

공식적인 자리에서 자기소개를 할 때, 항상 이름과 함께 성도 말해야 합니다(My name is David Jones.). 조금 덜 공식적인 자리에서는 이름만 말해도 상관없습니다(My name is David.).

영어 설명도 읽어보세요!

These are the most common and most formal ways to introduce oneself to someone. Saying 'Good morning', 'Good afternoon' or 'Good evening' before stating your name is slightly more formal than saying 'Hello' or 'Hi'.

When formally introducing yourself, you should always state your last name along with your first name("My name is David Jones."). If you are in a less formal setting, just your first name is fine("My name is David.").

자주 범하는 실수

Good morning, Good afternoon, 그리고 Good evening은 자기소개를 할 때 사용하는 것이 맞지만 Good night는 다릅니다. 자기소개를 할 때에는 Good night이라고 인사하지 않습니다. 이 표현은 잠자리에 들 때에만 사용합니다.

영어 설명도 읽어보세요!

While 'Good morning', 'Good afternoon' and 'Good evening' are correct, 'Good night' is not. We do not use 'Good night' in an introduction, but rather when someone is going to bed.

Hello, my name is David Jones and I am a director at SK.

안녕하십니까, 저는 David Jones입니다. 저는 SK에서 부장으로 일하고 있습니다.

◉ CD A-02-02 / B-02-02

공식적인 자리에서 자기소개를 할 때, 자신의 업무에 대해 말하는 것이 일반적입니다. 아래 예를 살펴보세요.

Hello, my name is David Jones and I am a director at SK.

안녕하십니까, 저는 David Jones입니다. 저는 SK에서 부장으로 일하고 있습니다.

Good morning. My name is David Jones and I am a researcher at Samsung Electronics.

좋은 아침입니다. 저의 이름은 David Jones이고 삼성전자에서 연구원으로 일하고 있습니다.

Good afternoon. I am David Jones. I work as a consultant.

좋은 오후입니다. 저는 David Jones입니다. 저는 컨설턴트입니다.

Good evening. I am David Jones. I am an engineer at Doosan.

좋은 저녁입니다. 저는 David Jones이고 두산에서 엔지니어로 일하고 있습니다.

어떤 일을 하는지 묻는 것이 일반적이기 때문에 보통 비즈니스 영어에서는 보다 자세한 자기소개를 합니다. 상대방이 묻기 전에 자신이 하는 일을 먼저 소개한다면, 영어를 말하는 데 있어서 자신감이 넘쳐 보일 것입니다.

영어 설명도 읽어보세요!

We generally give more detail in business English settings because being asked what you do is a common question. If you state your job before you are asked, it can show that you have confidence when speaking English.

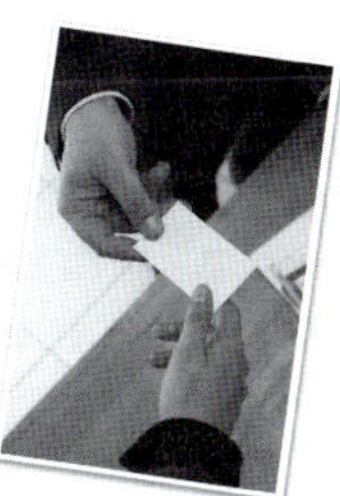

Hello, my name is David Jones and I work in the human resources department.

안녕하세요. 저의 이름은 David Jones입니다. 그리고 저는 인사부에서 일하고 있습니다.

CD A-02-03 / B-02-03

같은 회사에서 근무하는 동료에게 자기소개를 할 때는 자신이 속한 부서나 직위에 대해서 말해야 합니다.

Hello, my name is David Jones and I work in the human resources department.
안녕하세요. 저의 이름은 David Jones입니다. 그리고 저는 인사부에서 일하고 있습니다.

Good morning. My name is David Jones and I work in the research department.
좋은 아침 입니다. 저의 이름은 David Jones이고, 연구소에서 일하고 있습니다.

Good afternoon. I am David Jones. I work as a computer programmer here.
좋은 오후입니다. 저는 David Jones이고, 여기서 컴퓨터 프로그래머로 일하고 있습니다.

Good evening. I am David Jones from the finance department.
좋은 저녁입니다. 저는 재무팀의 David Jones입니다.

어느 팀이나 부서에서 일한다고 말할 때 전치사 in 혹은 for를 사용합니다. at을 사용하는 것은 흔히 범하는 실수로 여러분이 어느 회사에서 일하는지 언급할 때에만 사용합니다. 다음 페이지에서 보다 자세히 설명하겠습니다.

영어 설명도 읽어보세요!

We use 'in' when talking about which team, department, etc., we work for. Saying 'at' is a common mistake, and should only be used when stating what company you work for. See next page for more details.

I work for SK.

저는 SK에서 근무합니다.

다른 회사에서 일하고 있는 누군가와 처음 만날 때, 아래와 같이 자기소개를 하면 됩니다.

I work for SK.
저는 SK에서 근무합니다.

I am working at Doosan.
저는 두산에서 일하고 있습니다.

I am currently working for SK.
저는 현재 SK에서 근무하고 있습니다.

I'm at Samsung.
저는 삼성에서 일합니다.

어느 회사에서 근무하고 있는지 말할 때에는 전치사 at 또는 for를 사용하세요.

영어 설명도 읽어보세요!

When talking about the company you work for, use the prepositions 'at' or 'for' as shown above.

Good evening. I'm...

좋은 저녁입니다. 저는…

○ CD A-02-05 / B-02-05

회의나 프레젠테이션을 하는 상황이라면 그곳에 모인 사람들에게 다음과 같이 자기소개를 할 수 있습니다.

Good morning everybody. My name is...
여러분, 좋은 아침입니다. 저의 이름은…

Good afternoon ladies and gentlemen. I'm...
신사 숙녀 여러분, 좋은 오후입니다. 저는…

Good evening. I'm...
좋은 저녁입니다. 저는…

Hello everyone. I am...
여러분 안녕하십니까. 저는…

이번 토픽의 앞부분에서 언급한 것과 같이, 소개를 할 때 여러분의 이름과 직업을 함께 말해야 합니다.

영어 설명도 읽어보세요!

Like examples earlier in the topic, your name and job title should follow the greeting.

자주 범하는 실수

ladies and gentlemen 대신에 gentlemen and ladies라고 말하는 것은 올바른 표현이 아닙니다. 정확한 표현은 ladies and gentlemen입니다.

영어 설명도 읽어보세요!

'gentlemen and ladies', instead of the other way around, is wrong. The expression is 'ladies and gentlemen'.

I'd like you to meet Mr. ___.

여러분이 …(성) 씨를 만나 뵙길 바랍니다.

CD A-02-06 / B-02-06

비즈니스 상황에서 누군가를 청중이나 사람들에게 소개하는 경우가 있습니다. 아래 예문을 살펴보세요.

I'd like you to meet Mr./Mrs/Ms/Miss/Dr. (last name).

여러분이 …(성) 씨를 만나 뵙길 바랍니다.

Let me introduce to you Mr./Mrs/Ms/Miss/Dr. (last name).

…(성) 씨를 소개합니다.

I'd like to introduce (first and last name).

여러분에게 (이름) 씨를 소개합니다.

Talking Tip

공식적인 자리에서 누군가를 소개하는 가장 일반적인 방법입니다. 만약 여러분의 친구를 다른 친구에게 소개하는 자리가 아니라면 이름 대신 성만 부릅니다. 그러나 이름과 성을 동시에 이야기해도 무방합니다.

영어 설명도 읽어보세요!

These are the most common ways to introduce someone formally. First names are not usually used unless you are introducing a friend to a friend. However, it is fine to introduce someone using both the first and last name, as the last example the previous page shows.

자주 범하는 실수

남성을 소개할 때, Mr.를 사용하는 것은 어떠한 경우에도 문제가 되지 않지만, 여성을 소개할 때는 문제가 될 수도 있습니다. 만일 어떤 여성을 소개할 때 결혼 여부를 정확하게 모른다면 Ms.를 사용해야 합니다. 여성이 결혼했을 것이라고 추측하는 것은 실제 나이보다 더 들어보인다는 인상을 줄 수 있기 때문에 하지 않는 것이 좋습니다.

영어 설명도 읽어보세요!

When introducing a male, using 'Mr.' is fine in all situations; however, introducing a female can be slightly more difficult. If you do not know whether a female is married or not you should call her 'Ms.', unless corrected. You shouldn't assume a female is married, as this could cause offence because it may come across that you think that they are older than they actually are.

● CD A-02-07 / B-02-07

타인을 소개하는 몇 가지 다른 방법은 다음과 같습니다.

Mr. Lee, I would like you to meet Ms. Kim.
Mr. Lee, Ms. Kim을 소개합니다.

Mr. Lee, meet Ms. Kim.
Mr. Lee, 이 분은 Ms. Kim입니다.

Mr. Lee, I'd like you to meet Ms. Kim.
Mr. Lee, Ms. Kim을 소개하고 싶습니다.

Mr. Lee, this is Ms. Kim.
Mr. Lee, 이 분은 Ms. Kim입니다.

앞의 예문 중 하나를 사용할 때는 항상 소개하고 있는 사람을 쳐다봐야 합니다. 예를 들어, "(Mr. Lee를 쳐다보며) Mr. Lee, (Ms. Kim을 쳐다보며) Ms. Kim을 소개하고 싶습니다." 만약 누군가를 소개하는 도중 시선을 다른 곳에 두거나 바닥을 쳐다보고 있다면, 여러분이 소개하는 과정에 흥미가 없는 것처럼 보여 무례한 사람이라고 오해할 수도 있습니다.

영어 설명도 읽어보세요!

When using one of the previous examples, you should always look at the people you are introducing. For example, "Mr. Lee (looking at Mr. Lee), I would like you to meet Ms. Kim (looking at Ms. Kim). If you look away or look at the floor when introducing someone, it might seem that you have no interest in the introduction and therefore come across as rude.

자주 범하는 실수

누군가를 소개할 때 절대로 Here is…라고 표현하면 안 됩니다. 이는 휴대 전화기 등의 물건을 다른 사람에게 건넬 때 쓰는 표현입니다.

영어 설명도 읽어보세요!

Do not say "Here is…" when introducing someone as it is wrong. It is an expression usually used when passing an object such as a cell phone over to someone else.

I'm sorry, I didn't quite catch your name.

미안합니다. 성함을 잘 못 들었습니다.

CD A-02-08 / B-02-08

상대방의 이름을 잘 못 들었거나 들은 이름이 기억나지 않을 때 아래와 같은 표현을 사용할 수 있습니다.

I'm sorry, I didn't quite catch your name.
미안합니다. 성함을 잘 못 들었습니다.

I'm sorry, what was your name again?
죄송하지만 성함이 된다고 했죠?

앞의 예문은 누군가의 이름을 기억하지 못할 때 사용하면 적절한 예입니다. I forgot your name.이라고 직설적으로 말하는 것보다 좋습니다.

영어 설명도 읽어보세요!

The previous examples are used when you don't remember somebody's name. These are better than saying "I forgot your name".

 **A**

I'm sorry, your name is...

죄송하지만 성함이…

이 표현을 사용한다면, 여러분이 상대방의 이름을 잊어버렸고 상대방이 문장을 끝내주길 바란다는 것을 의미합니다. 다시 한 번 말하지만, 이 표현이 상대방의 이름을 잊어버렸다고 직접적으로 말하는 것보다 좋습니다.

영어 설명도 읽어보세요!

If you use the above sentence it usually means that you do not know the person's name and want them to finish the sentence for you. Again, it is better than saying that you forgot their name.

Nice to meet you.

만나서 반갑습니다.

● CD A-02-09 / B-02-09

Nice to meet you.
만나서 반갑습니다.

A pleasure to meet you.
만나 뵙게 되어 영광입니다.

Great to meet you.
반갑습니다.

Really nice to meet you.
만나서 정말 반갑습니다.

Fantastic to meet you.
뵙게 되어 영광입니다.

Wonderful to meet you.
정말 반갑습니다.

여러분이 예의 바른 사람이라는 것을 보여주기 위해 상대방이 이름을 말한 후 앞의 예문 중 한 가지를 사용하세요. 공식적인 자리든 사적인 자리든 상관없이 그렇게 말하는 게 좋습니다. 그리고 미소와 함께 진지한 태도로 말해야 합니다. 처음 보는 사람을 만날 때 Wonderful 또는 Great과 같은 단어를 사용해 보세요. 아래 표에 이와 유사한 긍정적인 의미의 단어가 더 있습니다.

영어 설명도 읽어보세요!

To show that you are a polite person, you should use one of the previous sentences after someone has told you their name. You should say this regardless of whether you are in formal or informal situations, and should smile and sound sincere when doing so. Furthermore, try to use words like 'Wonderful' or 'Great', when meeting someone new. Here are some more positive words you can use:

superb	최고의
delighted	아주 기뻐하는
excellent	탁월한
magnificent	엄청난

자주 범하는 실수

Good to meet you.라는 표현은 문법적으로는 맞지만, 영어에서 흔히 사용하는 표현은 아닙니다.

영어 설명도 읽어보세요!

The expression 'Good to meet you.' may be grammatically correct, but it is not a common expression used in English.

It's great to have finally met you.

드디어 당신을 만나게 되어 영광입니다.

CD A-02-10 / B-02-10

만약 여러분이 만나고 있는 상대방에 대해 누군가로부터 들어본 적이 있다면 다음과 같이 말하는 것이 좋습니다.

❶ It's great to have finally met you.
드디어 당신을 만나게 되어 영광입니다.

❷ I have heard so much about you.
당신에 대해서 많이 들었습니다.

❸ Mr. Lee has told me a lot about you.
Mr. Lee가 당신 이야기를 많이 해줬습니다.

❹ Finally, we meet.
드디어 만나게 되는군요.

❹번 문장은 공식적인 자리에서 사용하기에는 부적합할 수 있지만, 일반적인 친목 모임에서는 사용해도 무방합니다.

만약 앞의 표현 중 하나를 듣게 된다면 여러분 역시 굉장히 긍정적으로 답해야 합니다. 아래 예문을 살펴보세요.

영어 설명도 읽어보세요!

The last example ❹ is slightly less formal, and can be used in a social situation.

If you hear any of the previous examples you should also answer with a very positive sentence. Here are some examples:

B

❶ **It's great to finally meet you too. / The feeling is mutual.**
저도 만나 뵙게 되어 진심으로 영광입니다. / 저도 역시 마찬가지입니다.

❷ **Likewise.**
동감입니다.

❸ **I have also heard a lot about you.**
저도 당신에 대해 익히 들어 알고 있습니다.

❹ **Yes, finally.**
네, 드디어 만났네요.

The feeling is mutual.이란 표현은 상대방과 같이 동일한 감정을 느낀다는 말로 소개를 할 때 유용한 표현입니다.

이번 토픽을 마치기 전에, 서양 문화에서는 여러분이 조금 전에 만난 사람의 이름을 기억하는 것이 매우 중요하다는 말을 덧붙이고 싶습니다. 이는 여러분이 상대방을 중요한 사람으로 간주한다는 것을 보여줌과 동시에 그 사람을 다시 만날 때 굉장히 긍정적인 영향을 미칩니다.

영어 설명도 읽어보세요!

The term "The feeling is mutual." means that you feel the same way as someone else. It is a good expression to use when making an introduction.

Before finishing this topic I would just like to add that it is very important in Western countries that you remember the name of the person you have just met. This shows that you think the person is important and this can have a very positive effect if you meet that person again.

Topic 3

Talking about work
일에 대해 이야기하기

상대방이 초면이든 구면이든 사회인이라면 직업, 직장, 업무 등 비즈니스 관련 대화를 하게 됩니다. 이번 토픽에서는 이와 관련된 여러 가지 상황에 대해 살펴 보겠습니다.

What do you do for a living?

어떤 일을 하시나요?

CD A-03-01 / B-03-01

컨벤션, 세미나, 또는 비즈니스 모임에서 누군가를 만나면 자기소개 후 자신의 직업에 대해서 이야기를 하며 대화를 이어갑니다. 이는 사적인 모임에서 흔히 이야기하는 주제가 아니지만, 비즈니스 상황에서는 흔한 대화 소재로 사용됩니다.

❶ What do you do?
무슨 일을 하시나요?

❷ Where do you work?
어디서 일하시나요?

❸ What do you do for a living?
어떤 일을 하시나요?

❹ What is your occupation?
직업이 무엇인가요?

앞의 질문은 이야기할 소재가 풍부하기 때문에 누군가와 대화를 시작하기에 유용한 표현입니다. 아래는 질문에 대한 일반적인 답변입니다.

영어 설명도 읽어보세요!

Any of the previous questions are absolutely fine and are a great way to start a conversation with someone, as there is so much to talk about. Below are some common answers.

B

❶ **I'm an accountant. / I work as an engineer.**
저는 회계사입니다. / 저는 엔지니어로 일하고 있습니다.

❷ **I work at SK Securities. /**
I work for a law firm.
저는 SK 증권에서 일하고 있습니다. / 저는 법률사무소에서 일하고 있습니다.

❸ **I am the manager of a finance company.**
저는 금융 회사의 경영자입니다.

❹ **I'm a writer.**
저는 작가입니다.

무슨 일을 하는지 말한 후 어느 회사에서 근무하는지 말하세요. 보통 그 질문이 이어집니다.

B I am an accountant at Samsung.
저는 삼성에서 회계사로 일하고 있습니다.

I am a computer programmer at SK Telecom.
저는 SK Telecom에서 컴퓨터 프로그래머로 일하고 있습니다.

그 후 이어지는 질문은 자신의 일을 즐기고 있는지 입니다. 그러므로 일을 즐기고 있거나 그렇지 못한 이유에 대해서 답변할 준비를 해야 합니다.

영어 설명도 읽어보세요!

Try to say where you work after what you do because it is commonly asked next. After answering this question, a common question that follows, is whether you enjoy your work, so be prepared to answer why you do or not.

a, e, i, o, u와 같이 모음으로 시작하는 단어 앞에는 항상 부정관사 an이 붙는다는 것을 기억하세요. 대부분의 사람들이 이것을 알고 있지만, 여전히 말할 때 실수하는 경우가 많습니다.

직업에 관해 이야기할 때 올바른 전치사 사용 방법에 대해 혼동하지 마세요. 아래의 규칙이 도움이 될 것입니다.

❶ as는 직업 앞에 옵니다. - as a lawyer

❷ at과 for는 회사 이름 앞에 옵니다. - at SK / for SK

❸ for는 근무하는 부서 또는 회사의 이름 앞에 오기도 합니다. - I work for a finance company.

> **영어 설명도 읽어보세요!**
>
> Remember that the article 'an' comes before words that begin with a vowel 'a, e, i, o, u'. Most people know this, but still make mistakes when speaking.
>
> Try not to confuse prepositions when talking about what job you do. Remember this rule to help you:
> ❶ 'as' comes before a job position ('as a lawyer').
> ❷ 'at' and 'for' come before the company name ('at SK'/'for SK').
> ❸ 'for' also comes before the type of place you work or the company's name ('I work for a finance company.').

Mr. Shin told me you are a director for SK Telecom. Is that right?

Mr. Shin이 당신이 SK Telecom의 부장이라고 하던데, 맞나요?

CD A-03-02 / B-03-02

비즈니스 모임에서 누군가에게 자기소개를 하거나, 처음 만난 사람과 대화할 때 상대방의 직위나 업무에 대해 조금 알고 있을 수도 있습니다. 이런 경우 아래의 예문을 이용할 수 있습니다.

I heard you work for SK.
SK에서 일하신다고 들었습니다.

Mr. Shin told me you are a director for SK Telecom. Is that right?
Mr. Shin이 당신이 SK Telecom의 부장이라고 하던데, 맞나요?

How is business at LG?
LG의 회사 사정은 어떻습니까?

Am I right in saying you work in Doosan's financial department?
당신이 두산의 재무팀에서 근무하신다던데 맞습니까?

I hear you work in Human Resources, right?
당신이 인사팀에서 근무하신다고 들었습니다, 맞죠?

You work as an accountant, right?
당신은 회계사로 일하고 계시죠?

앞의 예문들은 방금 만난 상대방에게 깊은 인상을 심어줄 수 있습니다. 왜냐하면 여러분이 상대방에 대해 어느 정도 조사를 해왔다는 것을 알기 때문입니다.

영어 설명도 읽어보세요!

Any of the previous statements should impress the person you have just met as they now know that you have researched a little about them.

How's business?

사업은 잘되시나요?

● CD A-03-03 / B-03-03

상대방의 사업에 대해 가볍게 질문하는 것은 전혀 문제가 되지 않습니다. 만약 상대방을 전에 만났었고 특별히 할 이야기가 떠오르지 않는다면 이 주제도 유용할 수 있습니다.

❶ How's business?
사업은 잘되시나요?

❷ How has business been?
사업은 어떻게 되고 있나요?

❸ What has business been like?
사업이 잘되고 있습니까?

❹ Is business good?
사업은 잘되세요?

매우 일반적이고 전혀 불쾌한 질문이 아닙니다. 하지만 사업이 잘되든 잘되지 않든 보통 긍정적인 대답을 듣게 됩니다. 만약 같은 질문을 받는다면 역시 긍정적으로 답하는 것이 좋습니다. 아래 예문을 살펴보세요.

영어 설명도 읽어보세요!

These are very general questions to ask and are not offensive in the slightest. However, they are usually followed by a positive response, whether or not business is good or bad. If you are asked any of these questions, you should also reply with a positive response. Here are some examples:

❶❷❸❹

Business has been great.
사업은 잘되고 있습니다.

Not bad, thanks.
나쁘지 않습니다. 고맙습니다.

Great, thanks.
좋습니다, 고마워요.

You know. It's the same old same old.
잘 아시잖아요. 늘 그렇습니다.

Business is business.
사업이 항상 그렇죠.

앞의 질문에 답변을 할 때 긍정적인 답변을 하면 추가 질문을 받지 않을 수 있습니다. 부정적인 답변(Business is not good.) 을 하면 상대방이 Why?라고 물을 수 있기 때문입니다.

the same old same old라는 표현은 특별히 중요하게 변한 게 없다는 의미입니다.

영어 설명도 읽어보세요!

When answering the previous questions, try to keep your answers positive. This would prevent any further questioning, as a negative answer ("Business is not good."), would usually invoke the question "Why?".

The expression 'the same old same old' means that nothing really important has changed.

What ever happened with the ...situation?

…상황이 어떻게 진행되었습니까?

● CD A-03-04 / B-03-04

상대방과 잘 아는 사이이고 과거에 일에 대해 이야기를 나눠봤다면 사업에 관해 조금 더 자세한 질문을 할 수도 있습니다. 아래의 예문을 살펴보세요.

What ever happened with the ...situation?
…상황이 어떻게 진행되었습니까?

Did you manage to fix the ...problem?
…문제를 해결하셨나요?

What was the outcome of the...?
…의 결과가 어땠나요?

What was the end result of the...?
…의 최종 결과가 어땠나요?

What was the effect of...?
…의 영향은 무엇이었습니까?

How did the ...end up?
…은 어떻게 마무리가 되었나요?

앞의 질문은 여러분이 과거에 특정 주제에 대해 이야기를 나눴을 경우에만 해야 합니다. 이러한 질문은 상대방의 사업에 관심이 있다는 것을 보여주며 좋은 관계 유지에 도움이 됩니다. 누군가와 만날 때, 반드시 그 사람과 나눴던 마지막 대화 내용을 기억하기 바랍니다.

영어 설명도 읽어보세요!

The previous questions should only be used if you have talked about a specific topic in the past. Asking these questions show that you are interested in the person's business; and this can lead to a good future relationship. When meeting someone, you should try to remember the last conversation you had with them.

자주 범하는 실수

앞의 예문에 사용된 혼동되는 전치사의 사용법을 잘 기억하기 바랍니다. outcome과 effect에는 주로 of가 뒤따라옵니다. 반면 happened는 예문에서와 같이 with가 따라옵니다.

영어 설명도 읽어보세요!

Please take note of the use of prepositions in the previous sentences as they can often be confused. 'Outcome' and 'effect' are usually followed by 'of', whereas 'happened' is followed by 'with', as shown in the previous examples.

Topic 4

Negotiation skills

협상 기술

비즈니스 세계에서 협상 기술은 매우 중요합니다. 협상은 무수히 많은 부분으로 구분할 수 있는데 이번 토픽에서는 협상의 과정 중 각기 다른 상황에서 어떻게 자신의 의사를 표현하는지 알아보도록 하겠습니다.

Sorry, I don't follow you completely. Could you explain this?

죄송합니다, 저는 완전히 이해하지 못했습니다. 이것에 대해 설명해 주시겠습니까?

CD A-04-01 / B-04-01

미팅, 프레젠테이션, 또는 사무실에서 상대방이 하는 이야기를 정확하게 이해하지 못할 수도 있습니다. 여러분이 이해하지 못했다는 표현으로 다음 예문을 사용할 수 있습니다.

Sorry, I don't follow you completely. Could you explain this?
죄송합니다, 저는 완전히 이해하지 못했습니다. 이것에 대해 설명해 주시겠습니까?

Sorry, I don't quite understand. Could you say that again?
미안합니다, 저는 잘 이해가 되지 않습니다. 다시 한 번 말씀해 주시겠습니까?

I'm sorry; I am not quite with you. What do you mean exactly?
미안합니다, 저는 이해가 잘 안 됩니다. 당신이 말하고자 하는 것이 정확히 무엇입니까?

My apologies. I am not sure what you mean. Could you repeat it?

송구합니다만 저는 당신의 의도를 잘 모르겠습니다. 그 부분을 반복해 주시겠습니까?

I'm afraid I didn't quite catch what you meant. Could you repeat the last part?

유감스럽지만 저는 당신의 의도를 확실히 파악하지 못했습니다. 마지막 부분을 반복해 주시겠습니까?

I'm sorry, but I don't fully understand. Could you go over that again, please?

미안하지만 저는 완전히 이해하지 못했습니다. 다시 한 번 말씀해 주실 수 있나요?

I am sorry. I don't exactly know what you mean. Can you repeat it?

죄송합니다. 저는 당신의 의도를 정확하게 파악하지 못했습니다. 반복해 주실 수 있나요?

I apologize. I am not quite sure I follow you. Could you explain?

사과드리겠습니다. 제가 잘 이해하고 있는지 모르겠습니다. 설명해 주실 수 있나요?

앞의 예문들은 사과, 이유, 해결책 세 가지로 나눌 수 있습니다.

사과	이유	해결책
Sorry.	I don't follow you completely.	Could you explain this?
I'm sorry.	I don't quite understand.	Could you say that again.
My apologies.	I am not quite with you.	What do you mean exactly.
I'm afraid.	I am not sure what you mean.	Could you repeat it?
I am sorry.	I didn't quite catch what you meant.	Could you repeat the last part?
I apologize.	I don't fully understand.	Could you go over that again, please?
Apologies.	I don't exactly know what you mean.	Can you repeat it?
	I am not quite sure I follow you.	Could you explain?

위에서 언급한 세 가지는 각기 다른 항목과 섞어서 하나의 문장을 만들 수 있습니다.

I am not quite with you.나 I didn't quite catch that.과 같은 표현은 여러분이 이해하지 못했다는 의미의 표현입니다. 누군가가 go over라고 요청하면 반복해달라고 요청하는 것과 동일합니다.

문맥상 I'm afraid.라는 문구는 겁을 먹었다는 뜻이 아니라, 미안하다는 의미입니다.

상대방에게 이야기를 반복해달라고 요청하기 이전에 사과를 먼저 해야 합니다. 비록 그것이 여러분의 잘못이 아니라 하더라도, 그렇게 하는 것이 예의 바른 행동입니다.

The previous expressions can be split into 3 parts(apologies/reason/solution):
Any of the above parts can be mixed together to form a sentence, as page 94 shows.

Using expressions such as 'I am not quite with you.' or 'I didn't quite catch that.' is the same as saying that you don't understand. Asking if someone can 'go over' something is the same as asking someone to repeat what they have said.

The term 'I'm afraid' in this context does not mean that you are scared; it simply means that you are sorry.

You should try to apologize to the person you are speaking to before asking them to repeat what they have said. Although it may not be your fault, it is polite to do so.

자주 범하는 실수

I don't understand.라고 말하는 것은 피하세요. 올바른 표현이지만, 지금까지의 이야기를 전혀 이해하지 못했다고 오해할 수도 있습니다. 앞의 예문에서 사용한 quite, not sure, fully, exactly, 그리고 completely와 같은 단어들을 사용하면, 여러분이 상대방의 의도를 완전히는 파악하지 못했다는 의미가 됩니다.

I don't understand you.라고 말하는 것도 피해야 합니다. 문법적으로 맞는 표현이고 대부분의 경우 어느 누구도 화를 내지 않겠지만, 몇몇 사람들은 이에 대해 불만을 가질 수도 있습니다.

Try to refrain from saying 'I don't understand'. Although it may seem fine, it can come across that you don't understand anything the person has said. Try to use words like 'quite', 'not sure' 'fully', 'exactly', and 'completely', like the examples shown previously, which mean that you don't understand all of what the person is saying.

Try to avoid saying 'I don't understand you.' in an office setting. Grammatically it is fine and in most cases will not upset anybody, but it could come across a little blunt to some people.

Do you mind elaborating on that?

그것에 대해 상세히 설명해 주시겠습니까?

● CD A-04-02 / B-04-02

상대방이 제시한 정보보다 더 많은 정보가 필요할 때가 있습니다. 다음 예문을 통해 상세한 정보를 어떻게 요청하는지 살펴보세요.

Could you elaborate on that please?
그 부분을 자세히 알려주실 수 있나요?

Do you mind elaborating on that?
그것에 대해 상세히 설명해 주시겠습니까?

Can you explain that further?
그것을 좀 더 자세히 설명해 주실 수 있나요?

Do you mind expanding on that?
그 부분에 대해서 조금 더 알 수 있을까요?

Could you expand on that?
그 부분을 좀 더 자세히 알려주실 수 있나요?

Could you go into more detail please?
보다 자세히 설명해 주실 수 있습니까?

elaborate와 expand는 자세히 설명해달라고 요청할 때 쓰일 수 있습니다. 이 단어들에는 전치사 on이 뒤따른다는 것을 기억하세요.

누군가에게 상세한 정보를 요청할 때는 공손한 표현인 Could you, Can you 또는 Do you mind를 사용하세요. 그렇지 않으면 상세한 정보 요청이 명령으로 간주되어 요청한 정보를 제공받지 못할 수도 있습니다.

영어 설명도 읽어보세요!

The terms 'elaborate' and 'expand' are the same as asking someone to go into further detail. You should remember that they are followed by the preposition 'on'.

When asking someone to go into further detail, try to use 'Could you, 'Can you' or 'Do you mind', as these are more polite. If you do not, your question could come across as an order and might not be well received.

자주 범하는 실수

Could/Could you…와 Do you mind…의 차이점에 대해서 알아 두어야 합니다. Could/Could you…뒤에는 elaborate와 같은 동사가 뒤따릅니다. 하지만 Do you mind…의 뒤에는 elaborating과 같은 동명사가 뒤따릅니다. 이 두 가지는 혼동하기 쉬우니 주의하세요.

영어 설명도 읽어보세요!

Please take notice of the difference between 'Could/Can you…' and 'Do you mind…'. If you say 'Could/Can you…' a verb follows ('…elaborate'), but if you say 'Do you mind…' a gerund follows ('…elaborating'). It is easy to get these two confused.

Am I correct in saying that...?

···라고 하셨죠, 제 말이 맞습니까?

● CD A-04-03 / B-04-03

영어가 모국어가 아닌 사람이 영어로 대화할 때 상대방의 말을 잘 이해했는지 혼란스러울 수 있습니다. 따라서 여러분이 들은 내용이 정확한지 확인하는 것이 좋습니다. 아래 예문을 살펴보세요.

So what you are saying is...
그러니까 ···라는 말씀이시죠?

Am I correct in saying that...?
···라고 하셨죠, 제 말이 맞습니까?

Basically, what you are telling me is...
기본적으로, 당신이 제게 하신 말씀은···

In a nutshell, you are telling me...
간단히 말하자면, 당신은 ···이라고 말씀하시는 거죠?

To summarize, you are saying...
요약하자면, 당신의 말은···

Am I right in saying that...?
···라고 하신 것 같은데 제가 맞습니까?

In a nutshell은 알아두면 매우 유용한 표현입니다. 이는 어떤 것이 매우 신속하거나 간결하다는 의미입니다.

영어 설명도 읽어보세요!

'In a nutshell' is a very useful expression to know. It means to summarize something in the simplest or quickest way possible.

I am afraid I don't have the exact details now.

유감이지만 지금은 그에 대해 정확한 답변을 드릴 수 없습니다.

CD A-04-04 / B-04-04

상대방에게 정확한 답변을 하지 못하는 곤란한 경우가 있습니다. 이러한 경우 질문에 대한 대답을 어떻게 회피하는지 예문에서 살펴보겠습니다.

I am afraid I don't have the exact details now.

유감이지만 지금은 그에 대해 정확한 답변을 드릴 수 없습니다.

I would like to go over that at a later date.

다음번에 이에 대해 다시 말씀드리고 싶습니다.

I am not quite sure. I will get the information to you tomorrow.

확신할 수가 없네요. 내일 다시 알려 드리겠습니다.

I need to check the exact figures first.

먼저 정확한 수치를 확인해야겠습니다.

I am afraid I don't have that information at hand.
유감스럽지만 지금 당장 답변을 드릴 수 없습니다.

I know a ballpark figure, but let me tell you the precise answer later.
대략적으로는 말씀드릴 수 있지만, 확실한 대답은 나중에 하겠습니다.

자주 범하는 실수

I don't know.라고 간단히 말한다면 준비되지 않은 사람으로 비춰질 수 있으니 주의해야 합니다. 앞의 예문 중 하나를 사용하면 여러분이 아무것도 모르는 것이 아니라 사실에 대해 확신을 하지 못할 뿐이라고 이해할 것입니다.

ballpark figure라는 표현은 추정한다는 의미입니다. 예를 들어, 자동차의 가격이 $987인데 정확한 가격이 기억나지 않는다면, 잘 모른다고 말하는 대신 The ballpark figure is $1,000.라고 말할 수 있습니다. 이 표현은 야구장에서 장내 아나운서가 관중 수를 파악할 때 사용했던 것에서 유래했습니다.

ballpark figure와 check the exact figures라는 표현은 숫자와 관련된 질문을 받았을 때에만 사용해야 합니다.

영어 설명도 읽어보세요!

Try not to say 'I don't know.' as it can come across that you are not prepared. Instead, use one of the previous examples, which mean that you do not have all of the information, rather than no information.

The expression 'ballpark figure' means an estimate. For example, if a car costs $987 and you can't remember the exact amount, instead of saying you don't know, you can say 'The ballpark figure is $1,000'. This expression is thought to come from baseball announcers estimating attendance at baseball games.

You should only use the expressions 'ballpark figure' and 'check the exact figures' when you have to answer questions involving numbers.

information은 불가산명사이기 때문에 복수형이 될 수 없습니다. 예를 들어, informations라고 말하는 것은 오류입니다.

The word 'information' is uncountable and shouldn't be pluralized. For example, saying 'informations' is wrong.

Let me explain this in a different way.

다른 방식으로 설명 드리겠습니다.

CD A-04-05 / B-04-05

프레젠테이션을 하거나 설명을 할 때 상대방이 여러분의 설명을 이해하지 못할 가능성이 있습니다. 그런 경우 쉽게 풀어 다른 방식으로도 설명을 해야 합니다. 관련 표현을 아래의 예문에서 살펴보세요.

Let me explain this in a different way.
다른 방식으로 설명 드리겠습니다.

Let me rephrase what I am saying.
제가 말한 것을 좀더 쉽게 다시 말씀 드리겠습니다.

OK, allow me to go over this again.
좋습니다. 다시 한 번 이야기해 보겠습니다.

Let's look at this from a different angle.
자, 이번에는 다르게 한 번 접근해 보도록 하겠습니다.

Allow me to put it in another way.
다른 방식으로 이야기해 보도록 하겠습니다.

Let me나 Allow me는 어떤 것에 대해 말하기 전에 이에 대한 허락을 요청하는 표현입니다. 그저 말을 시작하기 전에 하는 공손한 표현이므로 상대방으로부터 'yes'라는 대답을 기다릴 필요는 없습니다.

영어 설명도 읽어보세요!

'Let me' or 'Allow me' is asking for permission to say something before you say it. However, you do not need to wait for a 'Yes', as it is just a polite expression.

I'd like to propose that...

…라고 제안하고 싶습니다

CD A-04-06 / B-04-06

비즈니스 상황에서 제안은 곧 계획입니다. 여기의 propose를 '청혼'의 의미인 proposing과 혼동해서는 안 됩니다. 일을 하다 보면 상대방에게 제안을 해야 할 때가 많은데, 아래의 예문을 통해서 그 방법을 살펴보도록 합시다.

I'd like to propose that...
…라고 제안하고 싶습니다

I recommend that...
…을 권고하고 싶습니다

I suggest that...
…을 하는 것을 추천합니다

I propose that...
…을 제안합니다

I strongly suggest that...
…에 대해 강력히 권고합니다

I whole heartedly recommend...
…을 진심으로 추천합니다

wholeheartedly라는 표현은 간단히 말해 어떤 것에 대해 전적으로 확신한다는 의미입니다. 이 표현은 많은 상황에서 사용할 수 있습니다. 예를 들면, The book is great and I wholeheartedly recommend you read it!이 있습니다.

영어 설명도 읽어보세요!

The term 'wholeheartedly' simply means that you have unreserved enthusiasm or that you are one hundred percent certain about something. You can use it in many situations. For example, "The book is great and I wholeheartedly recommend you read it!"

I think that...

제 생각에는…

CD A-04-07 / B-04-07

대부분의 회의에서는 특정 상황에 대한 의견을 묻는 경우가 자주 있습니다. 아래의 예문을 통해 본인의 의견을 어떻게 제시하는지 확인하세요.

I think that... 제 생각에는…

I believe that... 저는 …라고 믿습니다

I suppose that... …라고 생각합니다

I understand that... …라고 이해하고 있습니다

My opinion is... 저의 의견은…

My belief is... 저의 신념으로는…

I feel that... …인 것 같습니다

My understanding is... 저는 …라고 이해하고 있습니다

As I see it... 제가 생각하기에는…

As far as I am concerned... 저 개인적으로는…

My point of view is... …에 대한 저의 관점은 이렇습니다

In my view... 저의 관점은…

I figure that... 저는 …라고 생각합니다

앞의 표현들 중 일부는 is를 동반하지만 어떤 것들은 that을 사용한다는 것을 혼동해서는 안 됩니다.

제가 학생들을 가르치면서 가장 많이 듣는 틀린 표현 중 하나는 My thinking is… 입니다. 이는 올바른 표현이 아닙니다.

영어 설명도 읽어보세요!

Please take note that some of the expressions are followed by 'is' and some are followed by 'that'. They are not to be confused.

An expression I have heard numerous times in the workplace is "My thinking is…", which is wrong.

I think you are right!

당신 말이 맞는 것 같아요!

CD A-04-08 / B-04-08

상대방이 제시한 의견에 동의한다면 그렇다고 말하는 것이 좋습니다. 저는 수업이나 미팅 중에 의견을 제시했음에 불구하고 학생들이 저의 의견에 동의하는지, 동의하지 않는지 답변이 없어 당황한 기억이 많습니다. 아래의 예문을 통해 상대방의 의견에 어떻게 동의하는지 살펴보세요.

I think you are right! 당신 말이 맞는 것 같아요!

I agree with you! 동의합니다!

I agree entirely! 전적으로 동의합니다!

I couldn't agree with you more!
이에 대해 이견이 있을 수가 없네요!

I wholeheartedly agree! 진심으로 동의합니다!

I totally agree with you! 완벽히 동의합니다!

You are absolutely right! 당신 말이 절대적으로 맞습니다!

Point well made! 좋은 지적입니다!

You are right! 맞습니다!

You said it! 맞아요!

You said it!이라는 표현은 동의한다는 뜻입니다. 그러나 이 표현은 구어체이므로 격식을 차려야 하는 자리에서는 사용하지 않는 것이 좋습니다.

영어 설명도 읽어보세요!

The expression "You said it!" means that you agree. However, it is a slightly colloquial term and should not be used in formal settings.

You said just what I was thinking!

제가 생각하던 것을 말씀하셨네요!

O CD A-04-09 / B-04-09

간혹 여러분이 생각하고 있던 내용을 상대방이 먼저 말하는 경우가 있습니다. 다음은 이런 경우에 유용한 표현입니다.

You said just what I was thinking!
제가 생각하던 것을 말씀하셨네요!

I was just going to say that!
저도 막 그렇게 말하려던 참이었습니다!

I was just about to say that!
저도 그렇게 말하려고 했습니다!

You took the words right out of my mouth!
제가 할 말을 가로채셨군요!

It's like we have the same mind!
우리가 같은 생각을 했나 봅니다!

It's like we have the same mind.라는 표현은 다른 예문과 달리 비교적 사적인 자리에서 사용하기 적합한 표현입니다. 따라서 공식적인 모임에서의 사용은 피하고 친한 친구나 동료에게 사용하는 것이 바람직합니다.

영어 설명도 읽어보세요!

The expression "It's like we have the same mind." is less formal than the others, and should only be used among work friends rather than at formal meetings.

I agree with you in principle, however...

원칙적으로 동의합니다, 하지만…

CD A-04-10 / B-04-10

부분적으로 동의하기는 상대방의 의견에 동의를 하지만, 또 다른 의견을 제시하고 싶을 때 사용합니다. 아래의 예문을 살펴보세요.

I agree with you in principle, however...
원칙적으로 동의합니다, 하지만…

I agree to a certain extent, but...
그 부분에 대해서는 동의합니다, 하지만…

You have a point, although...
그 부분에 대해서는 잘 알겠습니다, 하지만…

I take your point, but on the other hand...
그 부분에 대해서는 공감합니다, 하지만 한편으론…

That's quite true, but if we look at this from a different angle...
그 말이 맞습니다, 하지만 다른 시각에서도 한 번 살펴보면…

I agree with you up to a point, but...
그 부분까지는 동의합니다, 하지만…

앞의 예문을 두 부분으로 나눠 서로 교체할 수 있습니다. 즉, 자리를 서로 바꿔서 새로운 문장을 만들 수도 있습니다. 아래의 표를 살펴보세요.

영어 설명도 읽어보세요!

The two parts of the previous statements are interchangeable. This means that they can be switched around to make different statements, see below:

I agree with you in principle,	however...
I agree to a certain extent,	but...
You have a point,	although...
I take your point,	but on the other hand...
That's quite true,	but if we look at this from a different angle...
I agree with you up to a point,	

자주 범하는 실수

I agree with your principle.은 올바른 표현이 아닙니다. 정확한 표현은 I agree with YOU IN principle.입니다.

영어 설명도 읽어보세요!

Do not say "I agree with your principle.", as it is completely wrong. The correct expression is "I agree with YOU IN principle".

반대하기 Disagreeing

I am afraid I have to disagree.

유감이지만 동의할 수 없습니다.

사회생활에서 힘든 것 중 하나가 상대방의 의견에 반대하는 것입니다. 어느 누구도 다른 사람에게 불쾌감을 주고 싶지 않기 때문입니다. 하지만 반대의사를 밝히는 것도 비즈니스의 일부이기 때문에 꼭 해야할 때가 있습니다. 아래의 예문을 통해 공손하고 효과적으로 반대하는 표현을 살펴보겠습니다.

I am afraid I have to disagree.
유감이지만 동의할 수 없습니다.

I am afraid I have to disagree with you.
유감이지만 당신의 의견에 동의할 수 없습니다.

I feel I must disagree.
저는 동의할 수 없습니다.

I respect your opinion, but I can't help feeling that...
당신의 의견을 존중하지만, 저는 …에 동의할 수 없습니다

I respectfully disagree.
죄송하지만 동의할 수 없습니다.

I understand what you are saying, but I feel another way.

당신의 의견을 이해하지만 저는 다르게 생각합니다.

I must say I can't share your view on this.

저는 동감할 수 없다고 말해야 할 것 같습니다.

I am afraid I don't share your opinion.

유감입니다만 저는 동의할 수 없습니다.

Talking Tip

비록 위의 예문들 역시 상대방에게 불쾌감을 줄 수 있지만, I disagree!보다는 훨씬 공손한 표현입니다.

영어 설명도 읽어보세요!

Although the previous expressions still may cause offense, they are much more polite than saying 'I disagree!'.

자주 범하는 실수

You are wrong!이라는 표현은 피하세요. 제 수업시간에 많은 학생이 그렇게 말하는 것을 자주 들었습니다. 누구에게 말을 하건 이 표현은 너무 직설적이며 부정적인 응답을 초래할 것입니다.

영어 설명도 읽어보세요!

You should always try to refrain from saying '"You are wrong!". I have heard it many times during my time teaching, and no matter who you are talking to, it is confrontational and will only result in a negative response.

동의 구하기 Asking for agreement

Do you agree with my opinion?

제 의견에 동의하십니까?

누군가에게 여러분의 의견이나 논점에 대해 동의를 구해야 할 순간이 있습니다. 아래의
표현은 이러한 상황에서 유용하게 쓰일 수 있습니다.

Do you agree?
동의하십니까?

Do you agree with this point?
이 점에 대해 동의하십니까?

Do you agree with my opinion?
제 의견에 동의하십니까?

Is it OK with you?
이 점에 대해 괜찮으십니까?

Do you think so?
그렇게 생각하시나요?

What do you think?
어떻게 생각하시나요?

앞의 대부분의 예문은 yes나 no로 대답할 수 있지만, 마지막 예문(What do you think?)은 상대방의 의견을 물어보는 것입니다. 이 질문에 대해 yes 또는 no로만 대답을 하는 것은 적절하지 않습니다.

영어 설명도 읽어보세요!

Most of the previous questions can be answered with simple 'yes' or 'no' answers. However, the last example("What do you think?") requires someone's opinion. A 'yes' or 'no' answer is not adequate when answering this question.

자주 범하는 실수

누군가에게 동의를 구할 때, Are you ok?는 잘못된 표현입니다. 학생들이 저에게 면담을 위해 특정 시간에 만날 수 있는지 여부를 확인할 때 자주 듣는 말입니다. 예를 들어, We have a meeting at 4. Are you OK?라고 질문하는데, 이것은 틀린 표현이고 바른 표현은 Are you OK to have a meeting at 4 P.M.?, 또는 We have a meeting at 4 P.M. Is this OK with you?입니다.

영어 설명도 읽어보세요!

When asking for one's agreement, do not say "Are you OK?" I have heard this mistake many times, especially when a student is checking whether I am available to meet at a specific time. For example, a common mistake is "We have a meeting at 4. Are you OK?" This is wrong and the correct question should be "Are you OK to have a meeting at 4 P.M.?" or "We have a meeting at 4 P.M. Is this OK with you?"

013

상대방에게 이해했음을 보여주기
Showing understanding

I am with you!

잘 알고 있습니다!

● CD A-04-13 / B-04-13

상대방의 설명을 잘 이해하고 있는지 질문을 받는 경우가 있습니다. 이러한 경우 다음 표현들을 유용하게 사용할 수 있습니다.

Understood!
이해했습니다!

I understand!
이해합니다!

I am with you!
잘 알고 있습니다!

I follow you!
잘 따라가고 있습니다!

Well noted!
잘 알겠습니다!

Well noted라는 표현은 두 가지 의미가 있습니다. 앞의 예문에서 사용된 Well noted의 의미는 누군가가 말한 내용을 잘 메모(이해)했다는 뜻입니다. 또 다른 의미는 굉장히 유명한 어떤 사람에 관해 이야기하는 것입니다. 예를 들어, "Shakespeare is a well noted writer." 등으로 사용됩니다.

영어 설명도 읽어보세요!

The statement 'Well noted' has two meanings. 'Well noted' in the above example means that you have taken note of what has been said. The other meaning is used when talking about someone who is famous for his/her profession. For example, "Shakespeare is a well noted writer".

014

상대방이 오해했을 때 Being misunderstood

I am afraid you don't understand my point.

유감이지만 제 의도를 잘못 이해하셨네요.

CD A-04-14 / B-04-14

상대방이 여러분이 말한 내용을 잘못 이해하는 경우가 있습니다. 이런 경우 가급적이면 오해하고 있다는 사실을 알려줘야 합니다. 아래의 예문을 살펴보세요.

I think you got me wrong.
제 생각을 잘못 이해하고 계신 것 같습니다.

I am afraid you don't understand my point.
유감이지만 제 의도를 잘못 이해하셨네요.

I am sorry, but that is not what I was saying.
미안하지만 그것은 제가 말하고자 하는 것이 아닙니다.

That isn't quite what I said.
그것은 제가 말한 내용과 다릅니다.

There seems to be a slight misunderstanding.
아마 약간의 오해가 있는 것 같습니다.

We seem to be talking at cross purposes.
우리가 서로 오해를 하고 있는 것 같습니다.

I am afraid you do not follow.
유감스럽지만 당신은 제가 한 말을 못 알아들으신 것 같네요.

Talking Tip

누군가에게 cross purposes라고 말하는 것은 서로가 오해하고 있다는 것을 의미합니다.

영어 설명도 읽어보세요!

If you are talking with someone at "cross purposes", it means that both people are misunderstanding each other.

Just a moment please.

잠시만 기다려주세요.

● CD A-04-15 / B-04-15

회의나 프레젠테이션 도중 받은 질문에 답변을 생각할 시간이 필요하다면 아래 표현이 유용하게 쓰일 수 있습니다.

I'm sorry. Please bear with me.
미안합니다, 잠시만 기다려주세요.

Just a moment please.
잠시만 기다려주세요.

I'm sorry. Please wait a moment.
미안합니다, 잠깐만 기다려주세요.

I have that information. One moment.
답변을 해드리겠습니다. 잠시만 기다려주세요.

Please wait one moment.
부디 잠시만 기다려주세요.

간단하게 Wait!이라고 말하는 것은 상대방에게 모욕감을 줍니다. 대신 앞의 예문 중 하나를 사용하세요. 친구에게 이야기하는 것이라면 아래와 같이 말해도 무방합니다.

영어 설명도 읽어보세요!

No matter what tone of voice you use, you should try not to say 'Wait!' to someone, as it can be extremely offensive. Instead you should use one of the previous examples. If you are talking to friends, you can use the below examples:

Wait two ticks!
2초만!

Wait a sec!
잠깐만!

Hang on!
기다려봐!

이 표현들은 절대로 격식을 차려야 하는 자리에서 사용해서는 안 됩니다.

영어 설명도 읽어보세요!

Please take note that the above sentences should NOT be used in formal situations.

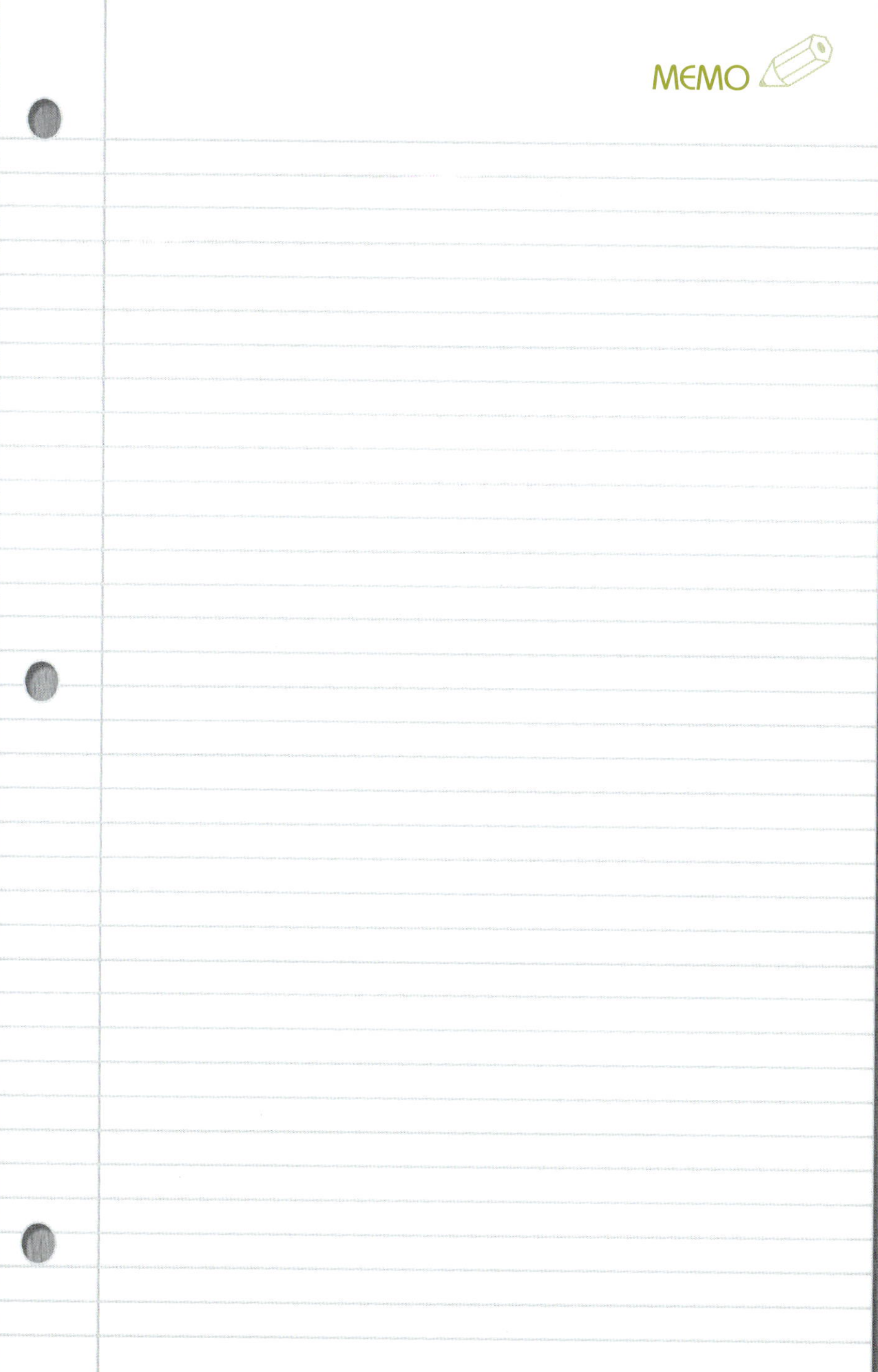
MEMO

Topic 5

Complimenting others

칭찬하기

칭찬은 상대방의 마음을 얻는 훌륭한 방법입니다. 그렇지만 처음 만나는 사람을 칭찬을 할 때, 너무 과하거나 부적절한 칭찬을 하는 것은 어색하게 들릴 수도 있습니다. 처음 만난 사람에게 It's nice to meet you. 또는 이와 유사한 호의적인 인사는 괜찮지만 상대방의 외모에 대해 칭찬하는 것은 부적절합니다. 이번 토픽에서는 해도 괜찮은 칭찬과 그렇지 않은 칭찬에 대해 다루겠습니다.

You look wonderful!

광장히 근사해 보이네요!

상대방을 칭찬할 때는 가능한 한 적극적이고 긍정적인 칭찬을 하는 것이 좋습니다.

A You look great today! 오늘 근사해 보이네요!
You look fantastic! 멋있어 보입니다!
You look wonderful! 광장히 근사해 보이네요!

자주 범하는 실수

알아두세요. compliment는 complement와 그 스펠링이 비슷하지만 다른 의미를 가진 별개의 단어입니다. compliment는 이번 토픽에서 사용되는 것 처럼 누군가를 칭송하거나 칭찬하는 것을 의미합니다. 반면, complement 는 This sauce compliments the fish.에서 처럼 어떤 것과 잘 어울린다는 의 미입니다. 이 두 단어를 혼동하지 마세요.

영어 설명도 읽어보세요!

Just so you know, there are two different spellings and meanings to the word 'compliment'. The word 'compliment' means to offer praise and flattery to someone, as this unit shows. However, the word 'complement' is used when referring to something that goes well with another thing("This sauce complements the fish."). Try not to confuse the two.

Talking Tip

awesome이란 단어는 미국식 영어로 영국에서는 자주 사용하지 않습니다.

칭찬을 할 때는 최상급 표현을 사용하는 것이 좋습니다. 상대방이 듣기에 더욱 좋기 때문입니다. 관련 표현은 하단의 표를 참고하세요.

영어 설명도 읽어보세요!

The word 'awesome' is American English and it is not often used in British English.

When complimenting others, it is always best to use superlatives as they are much more pleasing to the ear. Here is a list you could use:

주어부	다양한 표현	한글 해석
	amazing	놀랍다
	awesome	굉장하다
	brilliant	멋지다
	delightful	사랑스러워 보인다
	fantastic	환상적이다
You look	great	멋있어 보인다
	magnificent	최고다
	outstanding	엄청나다
	superb	멋있다
	terrific	아주 좋아 보인다
	wonderful	정말 멋있어 보인다

자주 범하는 실수

상대방을 칭찬할 때, so-so와 fine 같은 단어는 사용하지 마세요. 그 대신 앞의 표에 있는 단어를 사용하면 훨씬 깊은 인상을 심어줄 수 있습니다.

You look not bad.라는 표현은 문법적으로도 틀렸을 뿐 아니라, 상대방에게 불쾌감을 주기 때문에 사용을 피하는 것이 좋습니다. You don't look good and you don't look bad.라는 의미이기 때문입니다.

영어 설명도 읽어보세요!

When complimenting other people, do not use words like 'so-so' and 'fine'. Instead use the words shown previous as they have a much more profound impact.

Do not say 'You look not bad'. Not only is it grammatically incorrect, but it is also offending, as it means 'You don't look good and you don't look bad'.

You look very nice today.

오늘 매우 멋져 보이네요.

CD A-05-02 / B-05-02

상대방이 입고 있는 옷을 칭찬하는 것은 호감을 표현할 수 있는 매우 보편적이고 쉬운 방법입니다. 아래의 예문을 살펴보세요.

You look very nice today.
오늘 매우 멋져 보이네요.

That color looks good on you.
그 색깔 잘 어울리네요.

That color suits you.
그 색깔 잘 어울려요.

That jacket suits you.
그 재킷 잘 어울려요.

Those shoes look good on you.
그 신발 잘 어울리네요.

That color brings out your eyes.
그 색깔이 당신 눈을 더욱 빛나게 하네요.

미국식 영어에서는 색깔을 color라고 쓰지만, 영국식 영어에서는 colour라고 씁니다.

앞의 예문에서 jacket과 shoes를 다른 종류의 아이템으로 바꿔도 괜찮습니다. 예를 들면, That dress suits you.나 That hat looks good on you.로 활용할 수 있습니다.

영국식 영어와 미국식 영어의 옷 명칭은 조금 다릅니다. 하단의 표를 참고하세요.

영어 설명도 읽어보세요!

In American English, the word is spelt 'color' and in British English it is spelt 'colour'.

You could change 'jacket' and 'shoes' in the previous examples to any item of clothing. For example, 'That dress suits you.' and 'That hat looks good on you.' would be fine.

Clothes in British English and American English often have different names. The table below shows some of the differences.

단어	British English(영국식)	American English(미국식)
운동화 중 단화	Trainers	Sneakers
스웨터	Jumper	Sweater
조끼	Waistcoat	Vest
속옷	Pants/Knickers/Underwear	Panties/Underwear
가운용 잠옷	Dressing Gown	Robe
기저귀	Nappy	Diaper
신발끈	Shoelace	Shoestring
바지	Trousers	Pants

옷에 관해 이야기할 때 those와 that을 혼동하지 마세요. those는 하나 이상의 복수형 아이템에 대해 말할 때 사용합니다(those shoes, those earrings). 그리고 that은 오직 하나의 아이템에 대해 말할 때만 사용합니다(that hat, that tie).

영어 설명도 읽어보세요!

When talking about clothing, be careful not to confuse 'those and that'. 'Those' is used when talking about an item that has more than one object(those shoes/those earrings, etc), and 'that' is used when talking about an item that is singular(that hat/ that tie, etc).

Nice hat!

모자가 예쁘네요!

A

Nice tie! 넥타이가 멋지네요!

Nice jacket! 재킷 예쁘네요!

Nice shoes! 신발이 멋지군요!

Nice hat! 모자가 예쁘네요!

Talking Tip

위의 예문은 앞의 예문과 달리 격식을 차릴 필요 없는 자리에서 사용하는 표현이기 때문에 친구들과 이야기할 때 사용하는 것이 바람직합니다. 상대방이 입고 있는 옷이 그렇게 좋아 보이지 않는다 할지라도, 친구들과 이야기할 때 위의 예문을 사용하면 좋습니다.

영어 설명도 읽어보세요!

The above examples are less formal than the expressions on page 131 and you can use these expressions with friends.You can also use the above expressions with friends, even if you do not think that what they are wearing is good.

You look tired.

피곤해 보이시네요.

CD A-05-04 / B-05-04

A

You look tired. 피곤해 보이시네요.

You do not look good. 안색이 안 좋아 보이는데요.

Your condition doesn't look great.
컨디션이 안 좋아 보이시네요.

Talking Tip

한국의 비즈니스 미팅에서는 정직함이 매우 중요하지만, 서양에서는 상대방의 외모에 대해 진실을 말하기보다 긍정적으로 말하는 것이 더 공손한 것으로 간주되곤 합니다. 그래서 You look tired.는 You don't look good.과 같은 의미로 받아들여지고, 상대방에게 불쾌감을 줄 수 있습니다. 그러므로 상대방의 외모에 대해 언급할 때는 위 표현들의 사용은 피하는 것이 좋습니다.

영어 설명도 읽어보세요!

While in Korean culture, honesty is very important in business meetings, in Western culture it is considered more polite to be positive about someone's appearance, rather than telling the complete truth. Therefore, hearing a sentence like 'You look tired.' can be thought as meaning 'You don't look good.' and is likely to offend. Therefore, the above examples should be avoided when commenting on someone's appearance.

Have you lost weight?

체중이 줄었나요?

A Have you lost weight?
체중이 줄었나요?

You look like you have lost weight.
살이 빠진 것 같아 보이네요.

You look thinner.
전보다 마른 것 같아요.

Talking Tip

위의 칭찬은 나쁘지 않고 저도 매우 듣기 좋아하는 말입니다. 하지만 부적절한 상황에서 사용한다면 상대방에게 불쾌감을 줄 수도 있습니다. 이런 말은 여러분이 상대방을 뚱뚱한 사람이라고 생각하고 있었다고 오해할 수도 있습니다. 하지만 상대방이 열심히 살을 빼려고 노력했다는 사실을 알고 있다면 위와 같은 표현은 최고의 칭찬일 것입니다.

Have you been going to the gym?
헬스클럽에 다니셨나 봐요?

Have you been working out?
운동을 열심히 하셨나 봐요?

Been working out?
운동하시나 봐요?

You have been going to the gym, haven't you?
헬스클럽에 다니시죠, 그렇죠?

이러한 칭찬은 살이 빠졌는지 아닌지 묻는 것보다 훨씬 좋습니다. 단순히 체중에 대해 말하기보다는 전체적인 외모에 대해 이야기하고 있기 때문입니다.

 ## It looks like you have been hitting the gym hard!

헬스클럽 열심히 다니셨나 보네요!

이 표현은 상대방이 열심히 운동을 한 것처럼 보인다는 뜻입니다. 위의 예문은 앞의 예문과는 달리 사적인 자리에서 사용하는 것이 좋습니다. 격식을 차려야 하는 자리에서는 사용하지 말고, 친구들과 이야기할 때 사용하도록 하세요.

영어 설명도 읽어보세요!

This expression simply means that you think the person has been going to the gym a lot. This above expression is less formal than the previous ones, so shouldn't be used in formal settings, although it is absolutely fine to use with friends.

Are you being sarcastic?

비꼬는 겁니까?

상대방이 진심으로 하는 말이 아니라 무언가를 얻기 위해서 칭찬하고 있다는 생각이 들면 아래 표현이 유용하게 쓰일 수 있습니다.

Flattery will get you nowhere!
아첨을 통해 얻을 수 있는 건 없어요!

What do you want?
저한테 뭘 바라시죠?

What is it you want?
원하는 것이 뭡니까?

Is that sarcasm?
비꼬는 거죠?

Are you being sarcastic?
비꼬는 겁니까?

Talking Tip

앞의 예문은 농담처럼 이야기해야 합니다. 상대방에게 불쾌감을 주고자 하는 것이 아니기 때문입니다. 그렇지만 상대방이 여러분으로부터 무언가를 얻기 위해 아부를 하고 있는 사실을 이미 알아차렸다는 것을 알려줘야 합니다. 누군가가 저녁에 쓸 차를 빌리기 위해 친구에게 아부하는 장면을 상상하며 아래의 대화를 살펴보세요.

A Hello Jane.
안녕하세요 Jane.

B Hello Paul.
안녕하세요 Paul.

A You look great today Jane!
Jane 오늘 정말 멋지네요!

B Flattery will get you nowhere! What do you want?
아부는 그만 떠세요! 원하는 게 뭐죠?

A Can I borrow your car?
차 좀 빌릴 수 있을까요?

영어 설명도 읽어보세요!

The previous examples should be said with humor, as they are not used to offend someone, but instead let them know that you have realized that they are paying you a compliment in order to get something. To further explain this expression I want you to imagine that someone wants to borrow their friend's car for the evening. Above is how the conversation could go:

Are you fishing for a compliment?

칭찬을 해주길 바래?

● CD A-05-07 / B-05-07

A

Are you fishing for a compliment?
칭찬을 해주길 바래?

You fishing for a compliment?
칭찬을 듣고 싶은가 본데?

You are fishing for a compliment, aren't you?
칭찬을 해달라고 하는 거구나, 그렇지?

Talking Tip

칭찬을 듣는 것은 언제나 기분 좋은 일이지만, 칭찬을 듣기가 어려울 때도 있습니다. 최근에 머리 모양을 바꿨거나, 새로운 재킷을 입고 오거나, 새로 산 신발을 신고 왔는데 상대방이 알아주기를 원한다면 긍정적인 대답을 들을 수 있는 일종의 편법이 있습니다. 그것을 fishing for a compliment라고 부릅니다. 보다 자세한 설명은 다음 페이지의 A와 B 사이의 대화내용을 살펴보세요. B가 칭찬을 듣고 싶은 사람입니다.

It is always very nice to get a compliment, but it can be difficult at times to get one. If you have had a haircut, are wearing a new jacket, have new shoes etc., and you want someone to notice, there are phrases you can say that will illicit a positive response, this is called 'fishing for a compliment'. To further explain this expression look at the below conversation between person A and B. Person B is fishing for a compliment.

A Hello Jane.
안녕하세요 Jane.

B Hello Paul.
안녕하세요 Paul.

A How's it been going?
잘 지냈어요?

B Well, thanks. I recently got a new haircut.
네, 고마워요. 저 얼마 전에 머리를 잘랐어요.

A Oh, it looks great!
오, 잘 어울리네요!

MEMO

Topic 6

Telephone skills
전화 영어

영어가 모국어가 아닌 사람들에게 가장 어려운 것 중 하나가 전화상으로 이야기하는 것입니다. 이번 토픽에서는 전화상에서 다양한 방법으로 의사소통할 수 있는 방법을 다루겠습니다. 또한, 통화할 때 맞닥뜨릴 수 있는 돌발 상황에 대해서 집중적으로 살펴보겠습니다.

Thank you for calling Samsung Electronics.

삼성전자에 전화 주셔서 감사합니다.

◉ CD A-06-01 / B-06-01

사무실에서 전화를 받는 다양한 방법이 있습니다. 상대방이 말을 하기 전까지 전화를 건 상대방이 누구인지 모르기 때문에 가능한 한 공손하게 전화를 받아야 합니다.

Hello, Samsung Electronics.
안녕하십니까, 삼성전자입니다.

Samsung Electronics.
삼성전자입니다.

Thank you for calling Samsung Electronics.
삼성전자에 전화 주셔서 감사합니다.

Samsung Electronics. This is David.
삼성전자의 David입니다.

This is Samsung Electronics.
삼성전자입니다.

앞의 예문은 비즈니스 상황에서 전화를 받는 표현들입니다. 비즈니스와 관련된 전화를 받을 때, Hi 또는 Hello라고 응답하면 안 됩니다. 비즈니스와 같은 공적인 상황에 어울리지 않기 때문입니다.

영어 설명도 읽어보세요!

The previous examples show some formal ways to answer a phone call in a business environment. You should always try to refrain from saying 'Hi' or 'Hello' when answering a business call, as it could come across as a little informal.

자주 범하는 실수

질문에 대한 답변을 할 때는 Yes나 No와 함께 대답하세요. 그리고 '음…', '우…'와 같은 소리를 내지 마세요. 이것은 일반 전화를 받을 때도 마찬가지입니다. 한국에서는 이런 것들이 문제가 되지 않을지도 모르지만, 서양에서는 무례한 행동입니다. 전화를 받고 회사 이름을 알린 다음, 전화를 건 사람의 용건이 무엇인지 파악해야 합니다. 다음 페이지의 예문을 살펴보기 바랍니다.

영어 설명도 읽어보세요!

When speaking try to answer questions with 'Yes' or 'No' and do not just make a noise('mmm', 'ooo'). This is the same when answering the phone. This may be considered fine in social settings in Korea, but comes across as very rude in all situations in Western culture. After answering the phone and stating the company's name, you should find out what the person calling wants. The next page shows some ways to do this.

Hello, Samsung Electronics. What can I do for you?

안녕하십니까, 삼성전자입니다. 무엇을 도와드릴까요?

Samsung Electronics. How can I help?

삼성전자입니다. 무엇을 도와드릴까요?

Thank you for calling Samsung Electronics. How may I be of service?

삼성전자에 전화 주셔서 감사합니다. 무엇을 도와드릴까요?

Samsung Electronics. This is David. How can I help you?

삼성전자의 David입니다. 무엇을 도와드릴까요?

This is Samsung Electronics. How may I be of help?

삼성전자입니다. 어떻게 도와드릴까요?

자주 범하는 실수

Can I help you?와 How can I help you?는 동일한 의미처럼 들리지만 약간의 차이가 있습니다. 누군가에게 도움이 필요한지 직접 물을 때는 Can I help you?라고 묻는 것이 일반적인 반면, How can I help you?는 전화상으로 묻는 것이 일반적입니다.

영어 설명도 읽어보세요!

'Can I help you?' and 'How can I help you?' may sound the same, but can have slightly different meanings. It is more common to say 'Can I help you?' to someone in person and 'How can I help you?' on the phone.

Hello. This is Mr. Lee.

안녕하십니까. Mr. Lee입니다.

CD A-06-02 / B-06-02

자신에게 온 전화를 직접 받는 방법은 비서가 전화를 받는 방법과 다릅니다. 아래의 예문을 살펴보기 바랍니다.

Hello. This is Mr. Lee.
안녕하십니까. Mr. Lee입니다.

Mr. Lee speaking.
Mr. Lee입니다.

This is Mr. Lee.
Mr. Lee입니다.

Mr. Lee here.
Mr. Lee입니다.

예문의 표현이 격식을 지키지 않는 것처럼 보일 수 있지만 아무 문제 없습니다. 이름 대신 Mr./Miss/Mrs. 다음 자신의 성을 붙여 말하면 격식을 갖춘 것이니 걱정하지 않아도 됩니다.

영어 설명도 읽어보세요!

The previous ways of answering the phone may seem a little informal, but they are absolutely fine. As long as you answer with the Mr./Miss/Mrs. form of your name, instead of your first name, it will come across as formal, so don't worry.

자주 범하는 실수

누군가가 여러분에게 직접 전화를 건 경우, 상대방은 여러분이 누군지 이미 알고 있을 것이기 때문에 지위에 대해서 언급하지 않아도 됩니다.

영어 설명도 읽어보세요!

You do not need to say your job title because if somebody is calling you directly, they probably know what your title is already.

Hello. This is Mrs. Kim calling.

안녕하세요, 저는 Mrs. Kim입니다.

● CD A-06-03 / B-06-03

다음 예문들은 전화를 받은 후 자신이 누구인지 밝히는 매우 공손한 표현입니다.

A Hello. This is Mrs. Kim calling.
안녕하세요, 저는 Mrs. Kim입니다.

Good afternoon. This is Mrs. Kim from SK Telecom.
좋은 오후입니다. SK Telecom의 Mrs. Kim입니다.

Good Morning. I'm Mrs. Kim, calling from SK Telecom.
좋은 아침입니다. SK Telecom에서 근무하는 Mrs. Kim입니다.

자주 범하는 실수

위의 예문에서 전치사 from은 여러분이 근무하거나 전화를 거는 회사를 가리킵니다. 이때 from과 다른 전치사를 혼동하지 않도록 주의하기 바랍니다.

영어 설명도 읽어보세요!

As the examples show 'from' is used to state the company you are working or calling for. It is very common to confuse this preposition with others. Try not to do this.

○ CD A-06-04 / B-06-04

전화를 받은 사람에게 자신의 이름을 말한 후, 누구와 통화하고 싶은지 밝혀야 합니다.
아래의 예문을 살펴보세요.

Hello. This is Mrs. Kim calling. May I speak to Mr. Choi please?

안녕하십니까. 저는 Mrs. Kim입니다. Mr. Choi와 통화할 수 있을까요?

Good afternoon. This is Mrs. Kim from SK Telecom. Is Mr. Choi available?

좋은 오후입니다. 저는 SK Telecom의 Mrs. Kim입니다. Mr. Choi와 통화할 수 있습니까?

Good morning. I'm Mrs. Kim calling from SK Telecom. Could I speak to Mr. Choi please?

좋은 아침입니다. 저는 SK Telecom의 Mrs. Kim입니다. Mr. Choi와 통화할 수 있을까요?

누군가와 통화하고 싶다고 말할 때, May I speak to…?/Could I speak to…?와 같은 형태로 질문하세요. 그것이 더 공손한 표현입니다. Let me speak to…?는 약간 명령조로 들리고 상대방에게 불쾌감을 줄 수 있기 때문에 피해야 합니다.

영어 설명도 읽어보세요!

When asking to speak to someone you should use the "May I speak to…?"/"Could I speak to…?" form of the question as it is more polite. Try to avoid saying "Let me speak to…?" as it sounds like an order and will almost certainly cause offence.

This is he.

제가 바로 그 사람입니다.

CD A-06-05 / B-06-05

상대방이 통화를 원하는 사람이 자신일 경우 어떻게 답변해야 할까요?
아래 A, B 표현을 통해 알아보도록 하겠습니다.

❶ May I speak to Mr. Choi(Mrs. Choi) please?
Mr. Choi(Mrs. Choi)와 통화할 수 있을까요?

❷ Could I speak to Mr. Choi(Mrs. Choi)?
Mr. Choi(Mrs. Choi)와 통화할 수 있을까요?

❶❷

This is he(she).
제가 바로 그 사람입니다.

Speaking.
바로 접니다. 말씀하시죠.

This is he(she) speaking.
제가 그 사람입니다.

This is Mr. Choi(Mrs. Choi).
제가 Mr. Choi(Mrs. Choi)입니다.

Speaking.이라고 간단히 대답하는 표현이 이상하게 들릴 수도 있지만 전혀 문제가 되지 않습니다. 앞의 예문 중에서 가장 자주 사용되는 대답입니다. 간단히 말해 전화를 받은 사람이 통화할 대상이라는 의미입니다.

영어 설명도 읽어보세요!

Saying 'speaking' as shown previously may look a little strange, but let me assure you it is perfectly fine; in fact it is probably the most common of all the examples. It simply means it is you speaking on the phone.

Do you mind telling me what this is in relation to?

실례가 되지 않는다면 무슨 일로 전화를 하신 건지 여쭤봐도 될까요?

● CD A-06-06 / B-06-06

전화를 받은 사람은 전화를 건 사람에게 용건을 묻게 됩니다. 상대방에게 전화의 용건을 묻는 표현으로 아래 예문들이 유용하게 쓰일 수 있습니다.

❶ Do you mind telling me what this is in relation to?
실례가 되지 않는다면 무슨 일로 전화를 하신 건지 여쭤봐도 될까요?

❷ Could you tell me what this is in reference to?
무슨 일로 전화를 하셨는지 말씀해 주시겠어요?

❸ Can you tell me the purpose of this call?
전화를 거신 이유를 말씀해 주시겠어요?

❹ Do you mind saying what this is regarding?
무슨 일로 전화를 하셨는지 말씀해 주실 수 있습니까?

❺ What is this concerning?
무슨 일로 전화를 하셨나요?

앞의 예문 중 어떠한 질문을 사용해도 괜찮습니다. 그러나 조금 더 공손한 표현인 Do you mind/Could you/Can you와 같은 형태의 질문을 권합니다. 앞의 질문 중 하나를 듣게 된다면 전화를 건 목적이 무엇인지 말해야 합니다. 아래의 예문을 살펴보세요.

영어 설명도 읽어보세요!

Any of the previous questions are fine, but it is recommended that you use the "Do you mind"/"Could you"/"Can you" form of the question as it is more polite. After you hear any of the previous questions, you should say why you are calling. Here are some ways to do this.

❶❷❸❹❺

B

I am calling in regards to...
저는 …때문에 전화를 했습니다

I am calling in relation to / in reference to...
저는 …과 관련해서 전화를 했습니다

This is to do with...
…과 관련 있는 일 때문입니다

This is concerning...
…에 대해 논의하려고 전화했습니다

I will put you through now.

지금 연결해 드리겠습니다.

CD A-06-07 / B-06-07

전화를 건 사람을 통화할 사람에게 연결해주는 표현은 다음과 같습니다. 아래의 예문을 살펴보기 바랍니다.

Please wait a moment while I put you through.
잠시만 기다려주세요, 연결해 드리겠습니다.

I will put you through now.
지금 연결해 드리겠습니다.

Please hold and I will connect you.
잠시만 기다리시면 연결해 드리겠습니다.

One moment please.
잠시만 기다려 주세요.

Please wait for a moment while you are being connected.
연결이 될 때까지 잠시만 기다려 주시기 바랍니다.

상대방에게 통화할 사람과 연결이 되기까지 기다려 달라고 부탁할 때 please라고 공손하게 말하는 것은 바람직한 태도입니다.

영어 설명도 읽어보세요!

It is always polite to say 'please' when asking someone to wait while you are connecting them.

I'm sorry; he is not here right now. Can I take a message?

죄송하지만 그가 지금 안 계십니다. 메모를 남겨 드릴까요?

CD A-06-08 / B-06-08

통화를 해야 할 당사자가 부재중이라면 반드시 메모를 받아 두어야 합니다. 매우 중요한 전화일 수도 있기 때문입니다. 아래의 예문을 살펴보기 바랍니다.

1 I'm sorry; he is not here right now. Can I take a message?
죄송하지만 그가 지금 안 계십니다. 메모를 남겨 드릴까요?

2 I'm afraid she is not available. Would you like to leave a message?
유감이지만 그녀가 지금 자리에 없습니다. 메모를 남기시겠습니까?

3 I'm afraid he has stepped out. Do you have a message I can pass on?
유감이지만 그가 방금 나갔습니다. 전하실 말씀이 있으시면 전달해 드릴까요?

❹ She is on lunch right now. Do you have a number? I will ask her to call you right back.

그녀는 점심 식사를 하러 갔습니다. 전화번호를 남겨 주시면 제가 그녀에게 전하겠습니다.

❺ I'm sorry. He is in a meeting. Would you like me to tell him you called?

죄송합니다. 그는 지금 회의 중입니다. 전화하셨다고 전해드릴까요?

당사자가 통화를 할 수 없는 상황이라면 전화를 건 사람에게 I'm afraid… 등으로 사과한 후 통화가 불가능한 상황을 설명합니다.

영어 설명도 읽어보세요!

If someone is unavailable to talk, you should apologize to the person calling. Alternatively, you could say 'I'm afraid…' before saying they are not available.

on lunch는 올바른 표현입니다. 그리고 at lunch, eating lunch, 또는 having lunch라고 말할 수도 있습니다.

아래  표현은 전화를 끊기 전 메모를 남기는 표현 방법입니다.

영어 설명도 읽어보세요!

Saying someone is 'on lunch' is correct, but you could also say 'at lunch', 'eating lunch' or 'having lunch'.

Now person B will most likely answer with a message. Here are ways you could do this.

❶❷❸❹❺

B

Yes. Could you tell him(her) Mr. Jones called please?

네, 그(그녀)에게 Mr. Jones가 전화했었다고 전해 주시겠어요?

Yes. It's Mr. Jones. Could you ask him(her) to call me back?

네, Mr. Jones입니다. 그(그녀)에게 다시 전화해달라고 전해 주시겠습니까?

Yes. Could you ask him(her) to call Mr. Jones when he(she) is available?

네, 그(그녀)가 연락 가능할 때 Mr. Jones에게 전화해달라고 전해 주시겠습니까?

Yes. Do you have a pen handy? My number is 010-1234-5678. Can you get him(her) to call me please?

네, 펜 있으신가요? 제 번호는 010-1234-5678입니다. 그(그녀)에게 전화해달라고 해주시겠습니까?

Yes, please tell him(her) I called.

네, 그(그녀)에게 제가 전화했었다고 말해 주세요.

No, thanks. I will call again later.
아니요, 괜찮습니다. 제가 나중에 다시 전화하겠습니다.

No, it's OK. I will call again.
아니요, 괜찮아요. 제가 다시 전화하겠습니다.

누군가에게 전화를 해달라고 부탁할 때 get을 사용하는 것은 올바른 표현입니다. ask를 사용해도 괜찮습니다.

Do you have a pen handy?라는 말은 Do you have a pen close by?와 동일한 의미입니다.

영어 설명도 읽어보세요!

Saying can you 'get' someone to call is correct. You can also use 'ask', which is also correct.

The expression 'Do you have a pen handy?' simply means 'Do you have a pen close by?'.

Let me repeat that just to make sure. It's.... Is that correct?

확인하기 위해 다시 한 번 읽어 보겠습니다. …이 정확한가요?

메모를 남길 경우, 내용을 받아 적는 것은 당연한 일입니다. 내용을 받아 적었다면 메모를 남긴 사람에게 내용을 다시 한 번 읽어서 실수가 없는지 확인해야 합니다. 아래의 예문을 살펴보기 바랍니다.

Let me repeat that just to make sure. It's.... Is that correct?
확인하기 위해 다시 한 번 읽어 보겠습니다. …이 정확한가요?

Did you say it was...?
…라고 하셨죠?

You said... right?
…라고 말씀하셨죠, 그렇죠?

So it's... right?
그러니까 …라고 하신 게 맞죠?

Let me just read it back to you. You said... OK?
다시 한 번 읽어 보겠습니다. …라고 말씀하셨죠, 맞습니까?

I am afraid you have the wrong number.

좌송하지만 전화를 잘못 거신 것 같습니다.

○ CD A-06-10 / B-06-10

가끔 잘못 걸려온 전화를 받는 경우가 있습니다. 다음 예문에서 잘못 걸려온 전화에 응답하는 방법을 확인하세요.

❶ I am afraid you have the wrong number.
좌송하지만 전화를 잘못 거신 것 같습니다.

❷ You have the wrong number.
잘못 거셨습니다.

❸ I'm sorry. You are through to the wrong department.
좌송하지만 잘못된 부서로 전화하신 것 같습니다.

❹ I'm sorry. I think you have dialled the wrong number.
좌송하지만 전화를 잘못 거신 것 같네요.

❺ You have called the wrong number.
전화를 잘못 거셨습니다.

끝으로 다음과 같은 사과가 이어집니다.

This would normally be followed by an apology:

❶❷❸❹❺

B ▶ I'm sorry.
죄송합니다.

I apologize.
죄송합니다.

Oh, I am sorry.
오, 죄송합니다.

I see. I'm sorry.
그렇군요. 죄송합니다.

Well, I guess I better get going.

음, 제 생각엔 이만 끊어야 할 것 같습니다.

○ **CD** A-06-11 / B-06-11

전화를 끊기 전 대화를 마치는 다양한 방법이 있습니다. 다음 표현을 확인하세요.

Well, I guess I better get going.
음, 제 생각엔 이만 끊어야 할 것 같습니다.

I'm sorry I have another call coming through.
미안하지만 또 다른 전화가 걸려오고 있습니다.

I am doing something at the moment. I will call you back.
지금 뭘 하던 중이었습니다. 제가 다시 전화 드리겠습니다.

Thanks for calling. Bye for now.
전화 주셔서 고맙습니다. 다음에 뵙겠습니다.

I'll talk to you again. Bye.
제가 다시 전화하겠습니다. 안녕히 계세요.

Something's just come up. I need to call you back.
갑자기 일이 생겼습니다. 제가 다시 전화 드리겠습니다.

Talk to you soon.
다시 통화합시다.

Good bye. Take care.
건강하시고 안녕히 계세요.

Speak to you again.
다음에 또 통화합시다.

I'm afraid that's my other line. I'll call you back.
유감이지만 또 다른 전화가 왔습니다. 제가 다시 전화하겠습니다.

Talking Tip

That's my other line.은 또 다른 전화가 걸려 왔다는 뜻입니다. 대화를 마무리하는 가장 좋은 방법 중 하나입니다.

영어 설명도 읽어보세요!

Saying 'That's my other line.' means that somebody else is calling you. It is a great way to end a conversation.

자주 범하는 실수

때로는 너무 바쁘거나 통화할 기분이 안 들 수도 있습니다. 그것 자체는 괜찮지만 상대방에게 그렇게 말해서는 안 됩니다. 대신 이전 페이지에서 배운 예문을 사용하면 상대방을 덜 불쾌하게 할 수 있습니다.

영어 설명도 읽어보세요!

At times you may find yourself in a situation where you are too busy or you don't feel like talking. This is fine, but you shouldn't say so. Instead, use one of the previous examples as it is less likely to offend.

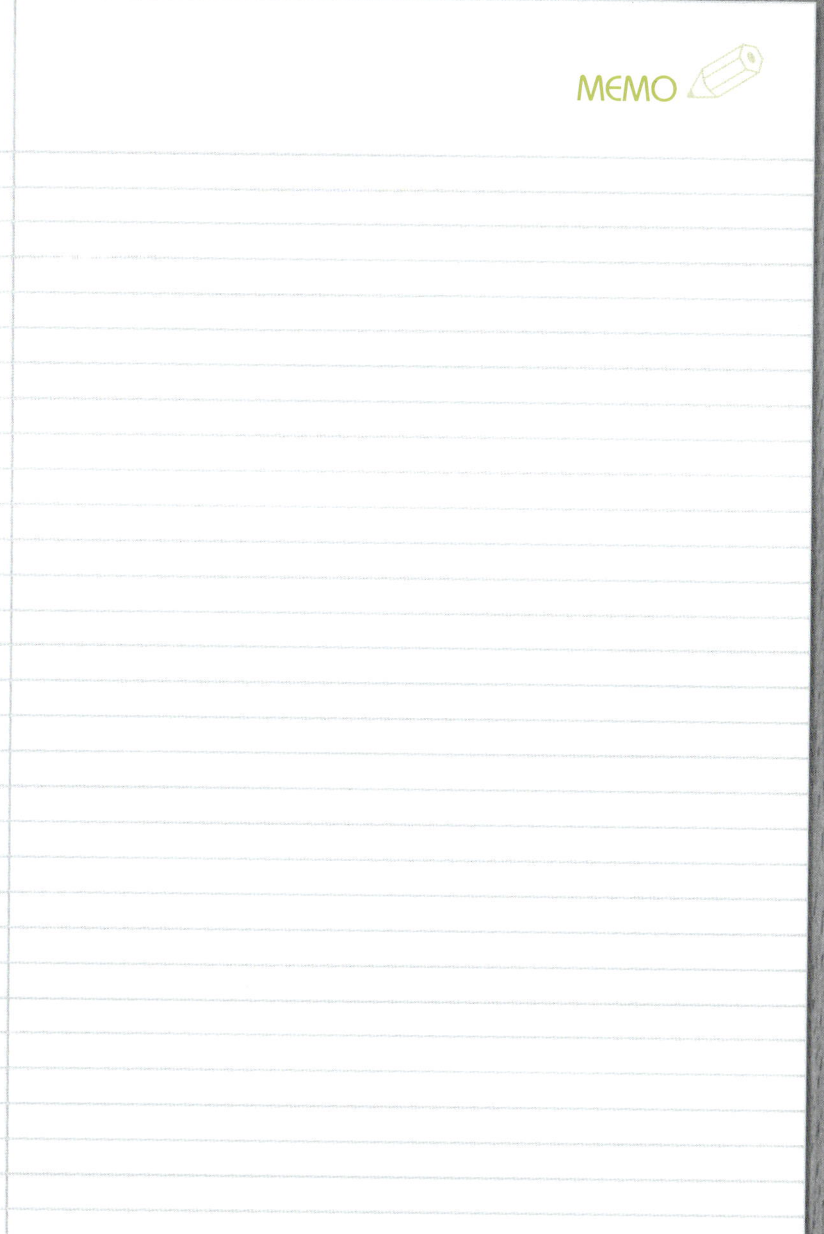
MEMO

Topic 7

Calling in sick

아파서 결근해야 할 때

아파서 결근해야 할 경우 통보 전화를 해야 합니다. 이번 토픽에서는 결근해야 할 상황에서의 표현에 대해 살펴보겠습니다. 한국에서는 몸이 아프더라도 근무하는 것이 일반적인 반면, 서양에서는 몸이 아파서 결근하는 것에 비교적 관대한 편입니다. 결근하는 것보다 질병을 직장 동료에게 감염시키는 것을 걱정하기 때문입니다. 이는 옳고 그름의 문제가 아니라 문화적 차이에서 기인한 현상인 것 같습니다.

Hi, it is Julie here.

안녕하세요, Julie입니다.

CD A-07-01 / B-07-01

결근 사유를 말하기 전에 전화 받는 사람에게 인사를 해야 합니다. 그 후 자신의 이름을 말하도록 하세요.

Hello, it's Mike Jones here.
안녕하세요, Mike Jones입니다.

Hi, it is Julie here.
안녕하세요, Julie입니다.

This is Mike Jones.
Mike Jones입니다.

This is Julie calling.
Julie입니다.

전화상으로 자신의 이름을 말할 때는 I'm…보다 This is…로 말하는 것이 자연스럽습니다.

자신의 신분을 밝힌 후에 문제가 무엇인지 설명합니다.

> **영어 설명도 읽어보세요!**
>
> Try not to say 'I'm…' when saying who you are. Grammatically, it is fine and is commonly said when talking in person, but it does come across a little strange on the phone.
>
> After saying your name you should say what the problem is.

I don't think I can come in today.
오늘은 못 갈 것 같습니다.

I am not going to be able to make it in today.
오늘은 출근하지 못 할 것 같습니다.

I am afraid I am too sick to come in.
유감이지만 몸이 너무 아파서 못 갈 것 같습니다.

I'm not going to make it today.
오늘은 못 갈 것 같습니다.

I am calling to tell you that I can't come in today.
오늘은 못 갈 것 같아서 전화 드렸습니다.

I have a cold.

감기에 걸렸습니다.

CD A-07-02 / B-07-02

상대방에게 증상을 설명할 때 가능하면 자세히 설명하는 것이 좋습니다. 아래의 표를 참고하세요.

주어부	다양한 표현	한글 해석
I have	a cold	감기에 걸렸습니다
	a cough	기침을 합니다
	an earache	귓병이 났습니다
	an eye infection	눈병이 났습니다
	a fever (British English-a temperature)	고열이 납니다 (영국식 – a temperature)
	the flu	독감에 걸렸습니다
	a headache	두통이 심합니다
	a rash	발진이 심합니다
	a stomachache	복통이 심합니다
	a sore throat	목이 아픕니다

앞의 표에서 정관사(the)와 부정관사(a/an)를 혼동하지 마세요. 질병마다 정관사와 부정관사의 사용 방법이 다르므로 확인하기 바랍니다. 일부 질병은 부정관사 a를 사용합니다(a cold). 그리고 일부는 정관사 the를 사용합니다(the flu). 아래의 표를 참고하여 또 다른 증상을 설명할 수 있습니다.

영어 설명도 읽어보세요!

Please do not confuse the articles(a/an/the) previously shown. Notice how some illnesses use the article 'a'(a cold) and some use the article 'the'(the flu).

You can also use the following expressions when saying what is wrong with you.

I feel nauseous.	속이 메스껍습니다.
I am dizzy.	어지럽습니다.
I have been vomiting(sick).	구토 증세가 있습니다(속이 울렁거립니다).
I feel sick.	속이 안 좋습니다.
I have a sore throat.	목이 아픕니다.
I have the chills.	한기를 느낍니다.
I have pains in my chest.	가슴에 통증을 느낍니다.
I have heartburn.	가슴이 아픕니다.
My neck(back) hurts.	목(등)이 아픕니다.

자주 범하는 실수

아픈 증상을 말할 때 어린이들이 주로 쓰는 표현인 ouch, ouchy는 피해야 합니다. 어른스러운 표현 My ...hurts.를 사용하는 것이 좋습니다.

영어 설명도 읽어보세요!

This is usually common among younger people, but when you are trying to express to someone that you are in pain, do not use the word 'ouch' or 'ouchy'. Say "My ... hurts.", as it is more adult-like.

I'm not going to make it in on time.

정시에 도착하지 못할 것 같습니다.

지각할 것 같아서 전화를 하는 경우 역시 자신이 누군지 먼저 말해야 합니다. 그 후 아래
표현을 사용해 이유를 설명할 수 있습니다.

I am calling to say I am going to be a little late today.
오늘 조금 늦을 것 같아서 이렇게 전화를 걸었습니다.

I am not going to arrive on time.
정시에 도착하지 못할 것 같습니다.

I am afraid I am going to be late today.
유감이지만 오늘 늦을 것 같습니다.

I'm not going to make it in on time.
정시에 도착하지 못할 것 같습니다.

I am calling to tell you that I will be a little late.
조금 늦을 것 같아서 전화 드립니다.

I woke up late.

늦잠을 잤습니다.

○ CD A-07-04 / B-07-04

지각 이유에 대한 표현은 아래 예문을 참고하세요.

I woke up late.
늦잠을 잤습니다.

My alarm didn't wake me.
알람 소리를 못 들었습니다.

My alarm didn't go off.
알람시계가 고장 났습니다.

My car broke down.
차가 고장 났습니다.

My car isn't working.
차가 고장 났습니다.

My son(daughter) is sick.
제 아들(딸)이 아픕니다.

Traffic is terrible.
차가 너무 막힙니다.

There has been an accident.
교통사고가 있었습니다.

I have had a car accident.
차 사고가 났습니다.

Topic 8

Excusing yourself

양해 구하기

어떤 비즈니스 상황에 있든 양해를 구해야 할 순간이 오기 마련입니다. 이번 토픽에서는 양해를 구하는 표현과 양해를 구하는 도중 일어날 수 있는 실수에 대해서 살펴보겠습니다.

시작하기에 앞서, excuse라는 단어의 의미에 대해서 설명하고 싶습니다. 때로 의미가 혼동되는 경우가 있기 때문입니다. excuse에는 다음과 같이 3가지 다른 의미가 있습니다.

❶ 어떤 비난을 받지 않도록 이유를 생각하는 것. 예를 들어, I was late because there was too much traffic. 또는 I couldn't finish the report because my computer broke. 등을 변명이라고 합니다.

❷ 누군가로부터 관심을 얻기. 예를 들면, Excuse me, could you tell me the time? 또는 Excuse me, do you mind if I pass? 등이 있습니다.

❸ 모임이나 장소를 떠날 수 있도록 요청하는 것

이번 토픽에서는 ❸ 번 의미에 대해서 다양한 방법으로 설명하겠습니다.

I'm sorry; I will be back in a few moments.

실례합니다, 잠시 후에 돌아오겠습니다.

CD A-08-01 / B-08-01

잠시 자리를 비울 때 상대방에게 양해를 구하는 표현입니다.

One moment please.
잠시만 기다려 주세요.

Please excuse me for a moment.
실례지만 잠시 기다려 주세요.

I'm sorry; I will be back in a few moments.
실례합니다, 잠시 후에 돌아오겠습니다.

I'm sorry; I will be back in a couple of minutes.
실례합니다, 몇 분 후에 돌아오겠습니다.

I will be back in a few minutes.
몇 분 뒤에 돌아오겠습니다.

Do you mind excusing me for a minute or two?
1,2분 정도만 실례해도 되겠습니까?

Please excuse me.
실례합니다.

양해를 구할 상황에서 앞의 예문을 사용할 수 있습니다. 앞의 예문에서 보여주듯 여러분이 어디를 다녀오는지 말할 필요가 없습니다. 잠시 동안 자리를 비우는 경우 어디를 가는지는 그리 중요한 문제가 아닙니다.

물건을 셀 때 a few는 주로 셋 또는 넷을 의미하고 a couple은 둘을 의미하지만, 시간을 말할 때 a couple과 a few는 그리 길지 않은 불특정 기간을 의미합니다. 예를 들어, I will be back in a few minutes.는 3, 4분 이내에 돌아오겠다는 의미가 아닙니다. 한편, I will be back in a couple of minutes. 역시 2분 이내에 돌아오겠다는 뜻이 아닙니다. 두 문장 모두 곧 돌아온다는 의미입니다.

영어 설명도 읽어보세요!

Any of the previous sentences can be used to excuse yourself from a situation. As the previous examples show, you do not need to say where you are going, as it may be of little importance if you are gone for only a short period of time.

'A few' usually means three or four and 'a couple' means two when counting objects, but when talking about time 'a couple' and 'a few' mean an unspecific period of time that is not too long. For example, 'I will be back in a few minutes.' does not mean I will be back in three or four minutes, while, 'I will be back in a couple of minutes.' does not mean that you will be back in two minutes. They both mean that you will be back soon.

moments와 minutes에 a couple of 혹은 a few를 사용할 때 혼동하지 마세요. a few는 앞의 예문에서 보듯이 moments와 minutes를 함께 사용할 수 있습니다. 반면, a couple of는 오직 minutes와 함께 사용합니다.

자리를 비울 때 절대로 화장실을 가거나 이와 유사한 용무를 본다고 말하지 마세요. 저는 이 말을 자주 들었지만 비즈니스 상황에서 이는 바람직하지 않습니다. 대신 앞의 예문 중 하나를 사용하세요.

영어 설명도 읽어보세요!

Do not confuse the sentences 'a couple of' and 'a few' with 'moments' and 'minutes'. 'a few' can be used with 'moments' and 'minutes' as the previous examples show, whereas 'a couple of' can only be used with 'minutes'.

Do not say that you are going to the bathroom, toilet or any other such places. I have heard this many times and it is considered inappropriate. Instead use any of the previous sentences.

I'll be back in a flash.

눈 깜짝할 사이에 다녀올게.

● CD A-08-02 / B-08-02

다음은 친구들이나 친한 동료 사이에서 격식을 차리지 않는 표현으로 양해를 구하는 예문입니다.

I will be back in two ticks.
금방 돌아올게.

I will be back in a jiffy.
곧 돌아올게.

I'll be back in a flash.
눈 깜짝할 사이에 다녀올게.

I'll be back in two shakes of a lamb's tail.
순식간에 갔다 올게.

Nature's calling.
화장실이 급해.

앞의 예문은 친구나 친한 직장 동료에게 사용하기 적합합니다. 공식적인 자리에서는 사용을 피하세요.

Nature's calling.이라는 표현은 화장실을 가고 싶다는 감정을 묘사한 것입니다. 격식을 갖추는 자리에서는 사용하기 부적절한 표현이므로 사용하지 마세요.

> **영어 설명도 읽어보세요!**
>
> These examples are fine to use if you are talking to friends or close work colleagues. However, you should not use these expressions in formal settings.
>
> The expression 'Nature's calling' describes the feeling you get when you want to go to the bathroom and should never be said in a formal situation, as it is considered completely inappropriate.

One moment please.

잠시 실례하겠습니다.

● CD A-08-03 / B-08-03

미팅이나 비즈니스 상황에서 휴대전화 벨이 울릴 경우 업무와 관련된 중요한 전화라면
자리를 떠나 전화를 받아도 됩니다. 아래 표현들은 미팅 중 전화가 올 경우 상대방에게 양
해를 구하기 적합한 표현입니다.

Please excuse me.
잠시 실례하겠습니다.

One moment please.
잠시 실례하겠습니다.

앞의 두 표현 모두 짧지만 괜찮습니다. 전화벨이 울리면 긴 문장을 말할 시간적 여유가 없기 때문입니다.

영어 설명도 읽어보세요!

Both of these shortened expressions are fine, compared to the expressions shown in Topic 8-01. This is because when the phone rings you usually do not have the time to say a long sentence.

자주 범하는 실수

이같은 상황에 Wait. 혹은 Please wait.이라는 표현을 사용하지 마세요. 단지 Wait.이라고만 하면 무례해 보이고 명령조로 들립니다.

영어 설명도 읽어보세요!

Try not to use the expression 'Wait.' or even 'Please wait'. This is because 'Wait.' can be considered rude and more of an order.

I may have to take a call during the meeting, as it is important.

중요한 일이 있어서 회의 도중에 전화를 받아야 할지도 모릅니다.

⊙ CD A-08-04 / B-08-04

 **A**

I should inform you that I am expecting an important call that I have to take.
꼭 받아야 할 중요한 전화를 기다리고 있어서 미리 양해를 구하겠습니다.

I may have to take a call during the meeting, as it is important.
중요한 일이 있어서 회의 도중에 전화를 받아야 할지도 모릅니다.

If my phone rings I have to take it as it is urgent.
만약 제 전화벨이 울린다면 긴급한 전화라 받아야 합니다.

I may have to take an urgent phone call at some point during the meeting.
회의 도중 긴급한 전화를 받아야 할지도 모릅니다.

회의 도중 예기치 않게 전화를 받아야 할 상황이 발생한다면, 다음의 예문을 사용하세요.

I have to take this.라고 말하는 것은 굉장히 중요하거나 긴급한 전화이므로 꼭 받아야 한다는 의미입니다.

 **Excuse me, this is important.**
실례지만 이것은 중요한 전화입니다.

I'm sorry. I have to take this.
죄송하지만 이 전화는 꼭 받아야 합니다.

This is an urgent call. Sorry.
긴급한 전화입니다. 실례합니다.

Can you excuse me? This is important.
실례해도 되겠습니까? 중요한 전화입니다.

영어 설명도 읽어보세요!

If you find yourself in a situation that you have to answer your phone during a meeting, but are not expecting it, the above sentences are fine.

Saying 'I have to take this.' is the same as saying that the phone call is important or urgent.

MEMO

Topic 9

Showing sympathy

동정심 표현하기

상대방에게 동정심을 표현해야 하는 순간이 있습니다. 마찬가지로 상대방이 여러분에게 동정심을 표현해야 하는 순간이 오기도 합니다. 이번 토픽에서는 동정심을 표현하고 대응하는 방법을 살펴보겠습니다.

I'm sorry to hear that.

그 소식을 듣게 되어서 유감입니다.

● CD A-09-01 / B-09-01

아래는 누군가 아플 때 동정심을 보여줄 수 있는 가장 일반적인 표현입니다.

 **A**

I'm sorry to hear that.
그 소식을 듣게 되어서 유감입니다.

I'm sorry you are sick.
당신이 아파서 유감입니다.

I am sorry.
유감입니다.

I'm so sorry.
무척 슬프네요.

That's a shame.
애석합니다.

That's too bad.
너무 안됐어요.

누군가가 아플 때 유감을 표현하는 것이 좋습니다. sorry가 주로 잘못한 것에 대한 사과의 의미로 사용되기 때문에 이상하게 보일 수도 있지만, 이 경우에는 상대방에게 기분 나쁜 일이 생겨서 유감스럽다는 의미입니다.

상대방의 기분이 나아지길 희망한다는 표현이므로, 아래와 같은 예문을 사용해도 좋습니다.

영어 설명도 읽어보세요!

It is always nice to say that you are sorry when someone is not feeling well. It may seem strange because 'sorry' is usually used to apologize when you have done something wrong, but in this case it just means that you are sorry that someone is not feeling well.

You can also use one of the below examples, which express hope that the person will feel better in the future:

I hope you feel better soon.
곧 나아지길 바랍니다.

I hope you get better soon.
곧 좋아지길 바랍니다.

I hope it passes quickly.
빨리 낫기를 바랍니다.

I hope it passes.는 질병이 빨리 낫기를 희망한다는 뜻입니다.

영어 설명도 읽어보세요!

When saying 'I hope it passes', you are saying you hope the illness goes away quickly.

동정심을 표현할 때, hope와 wish를 자주 혼동합니다. hope는 앞의 예문처럼 좋은 일을 희망할 때 사용합니다. 반면, wish는 가상의 상황을 말할 때 사용합니다(I wish it wasn't raining, I wish I had a dog.). 동정심을 표현할 때 wish를 사용하지 마세요.

앞의 예문과 194, 195페이지의 예문을 함께 사용할 수 있습니다. 이는 여러분의 영어실력을 보여줄 뿐만 아니라, 매우 다정다감한 사람이라는 것을 보여줍니다. 아래의 표를 살펴보세요.

영어 설명도 읽어보세요!

It is very common to get 'hope' and 'wish' confused when showing sympathy. 'Hope' is usually used when showing an expression of good will, as the previous expressions show. However, 'wish' is usually used when talking about a hypothetical situation ('I wish it wasn't raining.' or 'I wish I had a dog.'). Do not use wish when showing sympathy.

You can also combine both of the previous sentences in pages 194, 195, which not only shows your English abilities, but also that you are a very kind person. Here are some examples.

I'm sorry to hear that.	I hope you get better soon.
I'm sorry you are sick.	I hope it passes soon.
I am sorry.	I hope you get better soon.
I'm so sorry.	I hope you get better soon.
That's a shame.	I hope it passes soon.
That's too bad.	I hope you feel better soon.

위 표의 문장을 서로 결합해서 사용할 수 있습니다.

영어 설명도 읽어보세요!

Any of the first part of the sentences above can be mixed with any of the last parts.

Feel better!

빨리 나아!

CD A-09-02 / B-09-02

편한 사이의 상대방이 아플 때 동정심을 표현하는 방법을 아래의 예문을 통해 살펴보세요.

Feel better!
빨리 나아!

Get well!
힘내!

Feel better soon!
빨리 낫길 바래!

앞의 예문은 친구나 가족들 사이에서 사용할 수 있지만, 비즈니스 상황에서는 사용해선 안 됩니다. 격식을 차려야 하는 상황에는 어울리지 않기 때문입니다.

누군가 동정심을 표현하거나 토픽 9-01의 표현을 사용한다면 Thank you. 라고 답례하는 것이 좋습니다. 다양한 답례 표현을 아래에서 살펴보세요.

영어 설명도 읽어보세요!

The previous examples can be used with friends and family, but shouldn't be used in business situations, as they are slightly too informal.

If any of the above expressions or those in 9-01 are said to you, it is always nice to reply by saying 'thank you'. Here are some ways you can do this.

Thank you very much.
매우 감사합니다.

Thanks. That's kind of you.
고맙습니다. 정말 친절하시네요.

I appreciate that.
감사합니다.

That's very nice of you.
정말 친절하시군요.

Thank you.
고맙습니다.

Thanks.
고마워요.

I hope so too. Thanks.
저도 그렇습니다. 감사합니다.

좋지 않은 소식을 들었을 때
When you hear bad news

끔찍하네요. 그 소식을 듣게 되어 유감입니다.

CD A-09-03 / B-09-03

누군가에게 안 좋은 일이 생겼다는 소식을 들으면 동정심을 표현하는 것이 좋습니다. 이것은 승진에 실패했거나 사고를 당한 경우 등에 사용할 수 있습니다. 아래의 예문을 살펴보세요.

I'm sorry to hear that.
그 소식을 듣게 되어서 유감입니다.

That's rotten luck. I'm sorry.
불운이네요. 유감입니다.

I'm sorry. That's terrible.
유감입니다. 정말 끔찍하네요.

That's horrible. Sorry to hear that.
끔찍하네요. 그 소식을 듣게 되어 유감입니다.

What rotten news. I'm terribly sorry.
이럴 수가 있나요. 정말 유감입니다.

That's too bad.
너무 안됐어요.

I feel for you.
정말 안됐습니다.

다시 한 번 말하지만, 누군가가 동정심을 표현할 때 Thank you.라고 답례하는 것이 좋습니다.

영어 설명도 읽어보세요!

Again, it is always good to say 'thank you' if someone is showing sympathy to you.

I am deeply sorry to hear about your grandmother.
가슴 깊이 당신의 할머니께 조의를 표합니다.

● CD A-09-04 / B-09-04

깊은 연민을 표현해야 할 또 다른 경우는 누군가 사망했을 때입니다. 동료의 친구나 가족이 돌아가셨다는 소식을 접하면 위로의 말을 건네야 합니다. 아래의 예문을 살펴보기 바랍니다.

I am sorry to hear about your friend.
당신 친구의 일은 참 안됐습니다.

Please accept my condolences.
애도를 표하는 바입니다.

I am deeply sorry to hear about your grandmother.
가슴 깊이 당신의 할머니께 조의를 표합니다.

I am truly sorry about your grandfather.
당신의 할아버지께 깊은 애도를 표합니다.

My heart goes out to you.
진심으로 애도를 전합니다.

앞의 예문 중 어느 것을 사용해도 괜찮지만 상대방이 원하지 않는 한 그 상황에 대해 더 이상 언급하지 말아야 합니다. 대부분의 경우 언급되길 원하지 않을 것이므로 앞의 표현만으로 충분합니다.

여기서의 답변은 Topic 9-01의 답변과는 약간 다릅니다. 더 진심이 묻어나는 아래 예문으로 답하세요.

영어 설명도 읽어보세요!

Any of the previous sentences are fine. However, try not to talk more about the situation unless you feel the other person wants to. In most cases they will not, so just one of the previous sentences will be fine.

The responses here are a little different than shown in topic 9-01, as they are more heartfelt:

Thank you. I am deeply moved.
고맙습니다. 정말 진심이 느껴집니다.

Thanks. I am touched.
고마워요. 감동 받았습니다.

Thank you very much for your kind words.
다정한 말에 가슴 깊이 고마움을 느낍니다.

I appreciate your kindness.
베풀어준 호의에 감사합니다.

That's very kind of you to say.
그렇게 말씀해주셔서 고맙습니다.

I appreciate that a lot.
정말 감사드립니다.

I appreciate your sympathy.
보여주신 연민에 깊이 감사드립니다.

My heartfelt condolences on your loss.

저의 진심 어린 애도를 전합니다.

CD A-09-05 / B-09-05

직접 만나 조의를 표할 수 없는 경우에는 글로 마음을 전할 수도 있습니다. 이것은 드문 경우가 아닐 뿐더러 직접 애도를 표하는 것만큼 마음을 잘 전달할 수 있습니다. 아래의 예문을 살펴보세요.

My heartfelt condolences on your loss.
저의 진심 어린 애도를 전합니다.

Thinking of you in your time of loss.
힘든 시기를 보내고 있는 당신을 생각하며 애도를 표합니다.

You have my deepest sympathy.
가슴 깊이 고인을 애도합니다.

You have my sincere sympathy.
진심으로 조의를 표합니다.

My thoughts are with you.
가슴 깊이 애도를 전합니다.

I am saddened to hear about your loss.
당신의 소식을 듣고 슬픔에 빠졌습니다.

다시 한 번 말하지만 조의 표현은 앞의 예문으로 충분합니다.

앞의 예문은 모두 단수형이며, 오직 여러분의 감정을 표현하고 있습니다. 이것을 여러분의 가족 등 다른 사람과 함께 묶어서 표현해도 괜찮습니다. 비즈니스 상황에서는 상대방이 여러분의 가족을 잘 알지 않는 한, 여러분의 이름으로만 작성하는 것이 좋습니다. 아래 예문을 살펴보기 바랍니다.

영어 설명도 읽어보세요!

Again, any of these comments are enough and you don't need to write more as knowing that someone is thinking of you is usually sufficient.

The previous examples are singular, meaning they only express your feelings. However, you can slightly change the expressions to show the feelings of you and others, such as your family. In business situations, it is better to make your comment singular, unless the person you are writing to knows your family. Here are some examples of expressions you can use:

Our heartfelt condolences on your loss.
저희의 진심 어린 애도를 전합니다.

We are thinking of you in your time of loss.
저희는 힘든 시기를 보내고 있는 당신을 생각하며 애도를 표합니다.

You have our deepest sympathy.
가슴 깊이 고인을 애도합니다.

You have our sincere sympathy.
진심으로 조의를 표합니다.

Our thoughts are with you.
저희 모두는 가슴 깊이 애도를 전합니다.

We are saddened to hear about your loss.
당신의 소식을 듣고 저희 모두는 슬픔에 빠졌습니다.

Topic 10

Inviting someone out
초대하기

고객이나 동료를 식사에 초대하는 것은 비즈니스 관례입니다. 특히, 한국에서는 식사를 하면서 비즈니스 미팅을 하는 경우가 종종 있습니다. 이번 토픽에서는 누군가를 식사에 초대하는 방법에 대해 살펴보겠습니다.

What are you doing on March 3rd?

3월 3일에 약속이 있으세요?

A What are you doing on March 3rd?
3월 3일에 약속이 있으세요?

Are you free on March 3rd?
3월 3일에 시간 있으세요?

Do you have any plans on March 3rd?
3월 3일에 할 일이 있으세요?

Are you busy on March 3rd?
3월 3일에 바쁘신가요?

Do you know if you are free on March 3rd?
3월 3일에 시간 있으신가요?

앞의 질문과 함께 대화를 시작하는 것이 좋습니다. 누군가를 초대하기에 앞서 그 사람에게 선약이 있는지 없는지 확인해야 하기 때문입니다. 상대방이 yes라고 한다면 초대하기 전에 상세한 내용을 전달할 수 있습니다.

참고하세요. 영국과 미국의 날짜 표기법이 다릅니다. 앞의 예문에서는 미국식 표기법을 사용했지만, 영국식 표기법은 the third of March입니다. 그러므로 What are you doing on March 3rd?(미국식 영어)는 What are you doing on the third of March?(영국식 영어)가 될 것입니다.

영어 설명도 읽어보세요!

It is always good to start a conversation with one of the previous questions, as you need to find out whether or not the person is free before inviting them out. If they answer 'yes', then you can continue to ask them out.

Just so you know, dates are expressed differently between American English and British English. The previous examples show the American English way, but when said in the British way, it becomes 'the third of March'. Therefore 'What are you doing on March 3rd?'(American English) becomes 'What are you doing on the third of March?'(British English)

자주 범하는 실수

많은 학생이 What are you planning on…?이라고 말합니다. 비록 문법적으로 맞는 문장이긴 하지만, 상대방의 선약을 확인할 때 사용하지 않는 것이 좋습니다. 그 대신 앞의 예문 중 하나를 사용하세요.

영어 설명도 읽어보세요!

I have heard business students sometimes say 'What are you planning on…'? Although this sentence is grammatically fine, it shouldn't be used to discover if someone is available. Instead, use one of the previous examples.

You free on March 3rd?

3월 3일에 약속 있어?

아래의 예문을 통해서 편안한 사이에 상대방의 스케줄을 물어보는 표현을 살펴보세요.

 **What are you up to on March 3rd?**
3월 3일에 뭐할 거야?

You free on March 3rd?
3월 3일에 약속 있어?

Getting up to anything tonight?
오늘 밤에 뭐할 거야?

 **Talking Tip**

위 표현은 친구나 가까운 직장 동료에게 사용하는 것이 좋습니다. 격식 있는 자리에서는 앞에서 배운 표현을 사용하세요.

영어 설명도 읽어보세요!

The above comments can be said to friends and close colleagues at work, however, they should not be said in formal situations. Instead, use one of the expressions mentioned on the previous pages.

Would you like to join us?

저희와 함께 가시겠습니까?

○ CD A-10-03 / B-10-03

상대방이 초대에 응한다면 더 상세한 내용을 상의해야 합니다. 아래 예문을 통해서 자세히 알아보겠습니다.

How about dinner on Friday?
금요일에 저녁식사를 함께 하시겠습니까?

Would you like to join us?
저희와 함께 가시겠습니까?

Would you like to join me?
저와 함께 가시겠습니까?

We are going to a Chinese restaurant for lunch. Would you like to come?
저희는 중국식 레스토랑에 점심 식사를 하러 갑니다. 함께 가시겠습니까?

Would you like to join me for lunch?
저와 함께 점심 식사를 하시겠습니까?

I'd like to invite you out to dinner.
저녁 식사를 대접하고 싶습니다.

Would you like to have a drink after work?
퇴근 후에 술 한 잔 어떠신가요?

상대방에게 식사 제안을 할 때, like 다음 전치사 to가 항상 따라온다는 것을
기억하기 바랍니다. Would you like join me? 처럼 to를 빼먹는 실수를 많이
하는데, 이것은 잘못된 표현입니다.

영어 설명도 읽어보세요!

When inviting someone out, please note that there is a 'to' after 'like', as the previous examples show. Far too often the 'to' is dropped, becoming 'Would you like join me?' This is wrong.

Coming for lunch?

점심 같이 먹을래?

● CD A-10-04 / B-10-04

누군가에게 식사 제안을 할 때 Would you like…와 같은 형태로 물어보는 것이 보다 공손하고 좋지만, 친구나 가까운 사람에게 물어볼 때 격식을 갖출 필요는 없습니다. 아래의 예문을 통해 확인하기 바랍니다.

Fancy having lunch with me?
나랑 점심 같이 먹을래?

Fancy lunch?
점심 같이 할래?

Coming for lunch?
점심 같이 먹을래?

We are going for dinner. Coming?
우리 저녁 먹으러 가. 올래?

You coming for dinner?
저녁 식사에 올 거지?

Joining us for dinner?
우리랑 함께 저녁 먹을래?

Fancy drinks?
술 한 잔 할까?

You up for a few drinks?

술 한 잔 해야지?

Let's go out on the town!

술 마시러 가자!

Talking Tip

여러분 혼자서 누군가를 초대하는 경우 me를 사용해야 하고, 함께 식사하기로 한 사람들과의 자리에 다른 누군가를 초대하는 것이라면 us를 사용해야 합니다. 이렇게 해야 초대를 받는 사람이 여러분과 둘이서 식사를 하는지, 아니면 다른 사람들과 함께 하는 것인지 혼동하지 않습니다.

up for라는 표현은 매우 사적인 자리에서 사용되지만, 자주 사용되는 표현입니다. 이것은 기본적으로 Do you want to…?와 동일한 의미이며 다른 자리에서도 사용할 수 있습니다(You up for going to the movies?, You up for tennis this weekend?).

Let's go out on the town!은 나가서 즐기자, 축하하자는 의미로, 술을 마시자는 표현입니다.

영어 설명도 읽어보세요!

If you are alone and you are inviting someone out you should use 'me', but if you are asking them to join you and others you should use 'us'. This way the person won't get confused as to whether you will be alone or not.

The term 'up for' is very informal, but also very common. It basically means 'Do you want to…? and can be said in any informal situation('You up for going to the movies?' or 'You up for tennis this weekend?').

The expression 'Let's go out on the town!' means to go out and enjoy yourself/celebrate, and usually refers to drinking.

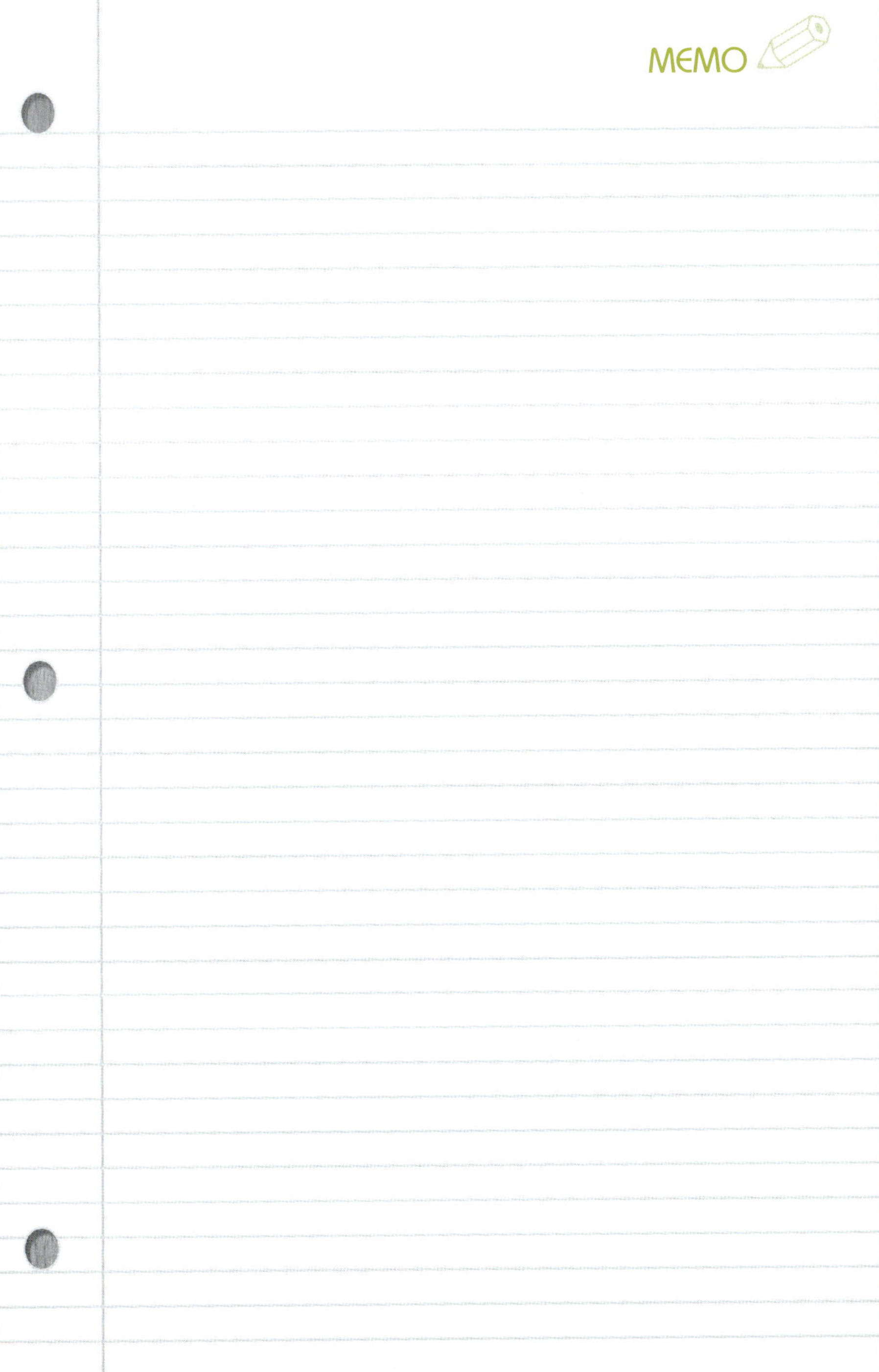
MEMO

Topic 11

Accepting and declining invitations

초대 응하기와 거절하기

이번 토픽에서는 초대에 응하는 표현과 거절하는 표현에 대해 살펴보겠습니다. 시작하기에 앞서, accept와 except가 비슷한 소리를 가진 단어이지만 의미는 전혀 다르다는 것을 짚고 넘어가고 싶습니다. accept는 동사로서 제안을 수락하다는 의미인 반면 except는 어떤 것을 제외한다는 의미의 전치사입니다.

It sounds great. Thanks!

좋아요. 고맙습니다!

● CD A-11-01 / B-11-01

상대방의 초대에 응하는 표현을 아래 예문에서 살펴보기 바랍니다.

It sounds great. Thanks!
좋아요. 고맙습니다!

That sounds fantastic. Thanks!
훌륭한 제안이네요. 고맙습니다!

I'd love to!
저 가고 싶어요!

Sure. That would be great!
물론이죠, 정말 재밌겠네요!

Certainly. That sounds nice!
꼭 갈게요. 좋아요!

Sure! I'll get my coat!
물론이죠! 어서 가시죠!

Thanks for the invite. It sounds great!
초대해 주셔서 감사합니다. 좋아요!

That sounds lovely!
함께 하고 싶네요!

Talking Tip

알아두세요, I'll get my coat.는 지금 나가려고 할 때, 그리고 코트를 가지고 있을 때 사용할 수 있는 표현입니다. 앞의 예문은 격식을 차려야 할 상황과 격식 없는 상황에 모두 사용 가능합니다.

영어 설명도 읽어보세요!

Just so you know the expression 'I'll get my coat.' is only used if you are planning to leave immediately and you of course have a coat. All of the previous examples can be used when accepting both formal and informal invitations.

Thank you, but I'm really busy.

고맙지만 정말 바빠서 못 갈 것 같아요.

CD A-11-02 / B-11-02

개인적인 사정으로 상대방의 초대를 거절해야 할 때 아래의 예문 중 하나를 사용할 수 있습니다.

Thank you, but I'm really busy.
고맙지만 정말 바빠서 못 갈 것 같아요.

That sounds great, but I have too much work to do.
정말 고맙습니다만 할 일이 너무 많아서 못 갈 것 같네요.

I'm afraid I have another appointment at that time.
유감이지만 그 시간에 선약이 있습니다.

I'm afraid I have another engagement.
미안하지만 다른 약속이 있습니다.

I can't, sorry.
미안하지만 못 갈 것 같습니다.

Sorry, I'm afraid I can't. Thanks, though.
미안하지만 못 갈 것 같아요. 어쨌거나 고마워요.

초대를 거절할 때 Thanks, I'm afraid 또는 Sorry를 이용해 공손한 사과를 먼저 해야 합니다. 초대에 참석하지 못하는 이유에 대해서 꼭 말할 필요는 없지만, 말하는 것이 더 좋습니다.

영어 설명도 읽어보세요!

It is always good to say 'thanks', 'I'm afraid' or 'sorry' when declining an invitation, as this is more polite. While you do not have to say why you are unable to accept an invitation, it is better if you do.

자주 범하는 실수

선약이 있을 때 I have a meeting.이라고 말하지 마세요. meeting은 여러 명이 함께 모여 특정 주제와 관련된 논의를 하는 것입니다. 누군가와 함께 골프를 치거나, 저녁을 함께하는 등의 경우에는 meeting 대신에 appointment, 또는 engagement를 사용합니다.

절대 단순히 no라고만 말하지 마세요. 이것은 무례해 보이므로 그 대신 앞의 예문을 사용하세요.

영어 설명도 읽어보세요!

Do not say 'I have a meeting.' when you are talking about meeting up with someone, which is something I have heard a lot. In Western culture, a meeting is when a group gets together to discuss work related topics. If you are meeting someone to play golf, have dinner, etc., use 'appointment' or 'engagement' instead of 'meeting'.

Do not answer 'no', as this could be seen as being rude. Instead, use one of the expressions given previously.

I have too much work on at the moment.

지금 일이 너무 많아서 안 될 것 같습니다.

◉ CD A-11-03 / B-11-03

아래의 예문을 통해 초대에 거절하는 또 다른 표현을 살펴보세요.

A

I have too much work on at the moment.
지금 일이 너무 많아서 안 될 것 같습니다.

I am snowed under.
할 일이 산더미 같이 쌓여서 안 되겠네요.

Can I take a rain check?
생각할 시간을 주시겠습니까?

Can I get a rain check?
나중에 대답해도 되나요?

snowed under는 쉽게 말해 매우 바쁘다는 의미입니다.

Can I take a rain check?와 Can I get a rain check?라는 표현은 초대에 응하고 싶지만 그 순간에 대답할 수 없는 경우 주로 사용합니다. rain check는 우천으로 인해 연기된 야외 이벤트의 표를 말합니다. 그러므로 No, but can we in the future?와 동일한 표현입니다.

> **영어 설명도 읽어보세요!**
>
> The expression 'snowed under' simply means that you are very busy.
>
> The expression 'Can I take a rain check?' and 'Can I get a rain check?' is commonly used when declining an invitation that you want to accept but can't at that moment. A 'rain check' is a ticket given to spectators at an outdoor event that has been cancelled due to rain and which they can use in the future. Therefore, if you use this expression it is the same as saying 'No, but can we in the future?'

Let's go Dutch!

각자 계산합시다!

CD A-11-04 / B-11-04

다음은 손님이나 동료와 식사를 한 후 음식값을 계산할 때 사용할 수 있는 표현입니다.

Let's go Dutch!
각자 계산합시다!

Shall we go Dutch on the bill?
서로 나눠서 내는 게 어때요?

Shall we split the bill?
나눠서 내는 게 어때요?

Let's split the bill.
각자 계산하죠.

학생들이 묻는 질문 중 하나가 Who pays when you go out to eat with a colleague or customer?입니다. 한국과 서양의 문화에는 차이가 있습니다. 한국에서는 주로 나이가 많은 사람이 계산을 하지만, 서양에서는 초대를 한 사람이 계산합니다. 그리고 다른 사람들과 함께 사적인 모임에 갔을 때는 보통 각출합니다.

영어 설명도 읽어보세요!

A constant question that I am asked by business students is 'Who pays when you go out to eat with a colleague or customer?' I think that the answer varies from country to country, but there is a difference between Western and Korean culture. In Korean culture, it is common for the person who is most senior to pay. However, in Western culture, the person who invited you out is usually the one to pay. If you are out in a group in an informal situation, you usually split the bill.

자주 범하는 실수

많은 사람과 함께 식사를 한 후 각자 나눠서 계산하기로 했을 때, 절대로 Dutch pay.라고 하지 마세요. 비록 같이 있던 사람들이 그 의미를 이해한다 할지라도 그것은 틀린 표현입니다. 올바른 표현은 Go Dutch.입니다.

영어 설명도 읽어보세요!

If you are in a group and you decide to split the bill, do not say 'Dutch pay.'. This is not an expression, and although the person/people you are with can probably guess the meaning, it is wrong. The correct expression is 'Go Dutch.'.

It's on me.

제가 사겠습니다.

본인이 모든 식사비용을 지불하겠다고 하려면 다음과 같은 표현을 사용할 수 있습니다.

A I'll get this. 제가 내겠습니다.

I will foot the bill. 제가 지불하겠습니다.

It's on me. 제가 사겠습니다.

I will pay for this. 제가 사겠습니다.

Talking Tip

foot the bill이라는 표현은 계산을 한다는 표현으로 매우 자주 사용됩니다. 위의 예문은 공적인 자리, 사적인 자리 모두 사용 가능합니다.

영어 설명도 읽어보세요!

The expression 'foot the bill' is the same as saying pay the bill and is a very common expression. Any of the above expressions can be used in both formal and informal situations.

Thanks. I will get it next time.

고맙습니다. 다음에는 제가 사겠습니다.

CD A-11-06 / B-11-06

식사를 대접받았다면 반드시 이에 대해 고마움을 표시해야 합니다. 아래의 예문을 살펴 보세요.

That's very kind of you. Thanks.
매우 친절하시네요, 고맙습니다.

I really appreciate it. 정말 감사합니다.

Oh, that's very generous of you.
오, 정말 관대하시군요.

Thanks. I will get it next time.
고맙습니다. 다음에는 제가 사겠습니다.

Thank you. It's on me next time.
고맙습니다, 다음은 제 차례입니다.

Talking Tip

마지막 두 표현은 다음에 만날 때 여러분이 계산을 하겠다는 의미입니다.

영어 설명도 읽어보세요!

The last two expressions mean that you will pay for the meal next time you meet.

Topic 12

Asking for help
도움 요청하기

직장 동료에게 도움을 요청해야 할 때가 있습니다. 이번 토픽에서는 여러 가지
방식으로 도움을 요청하는 표현에 대해 알아보겠습니다.

Could you help me with something?

잠시만 저를 도와주실 수 있나요?

● CD A-12-01 / B-12-01

Could you help me with something?
잠시만 저를 도와주실 수 있나요?

Would you mind helping me for a moment?
잠시만 저를 도와주시겠습니까?

Would you please help me with something?
잠깐만 저를 도와주시겠어요?

Do you have a minute?
잠깐만 저를 도와주실 수 있습니까?

Could you possibly help me for a moment?
잠깐만 저를 도와주실 수 있습니까?

I need some help if you have time.
시간이 있으시면 저를 잠깐 도와주세요.

If you are not busy I could use your help.
바쁘시지 않다면 부탁 좀 드리고 싶습니다.

Could you do me a favor?
제 부탁을 들어주시겠습니까?

Could I ask you for a favor?
부탁 하나 드려도 될까요?

Can you spare a few minutes?
잠시 동안만 시간을 내주실 수 있나요?

Talking Tip

앞의 예문은 비즈니스 상황에서 누군가에게 도움을 요청하는 공손한 표현입니다. 편한 사이에 도움을 요청하는 표현은 다음 페이지에서 살펴 보겠습니다.

영어 설명도 읽어보세요!

The previous examples are polite ways to ask someone for help and should be used in business situations. However, there are also some less formal ones, as shown in next page.

Can I bend your ear?

내 말 좀 들어줄래?

● CD A-12-02 / B-12-02

 **A**

Can I bend your ear?
내 말 좀 들어줄래?

Can I bug you?
시간 좀 내줄 수 있어?

Can I bother you?
내가 방해해도 될까?

Can I bug you for a minute or two?
잠깐만 실례 해도 될까?

Can I wrack your brain?
귀찮게 좀 해도 될까?

앞의 표현은 편한 사이의 친구나 친한 직장 동료에게 사용할 수 있습니다.

영어 설명도 읽어보세요!

These are often considered fine to use in business situations, especially when you are talking to a familiar colleague.

자주 범하는 실수

Help me.나 Please help me.라고 말하지 마세요. 이것은 어린아이가 말하는 것처럼 들릴 수도 있고, 위험에 처한 상황에서 도움을 요청하는 것처럼 들립니다.

또한, Can I hinder you?라고 말하지 마세요. hinder는 무엇을 지연시키거나 막는다는 의미이므로 도움을 요청하는 상황에서는 사용하지 않는 것이 좋습니다.

영어 설명도 읽어보세요!

Do not say 'Help me' or 'Please help me' in business situations. It comes across as childish and desperate.

In addition, do not say 'Can I hinder you?' Hinder means to delay or prevent something, therefore, it should not be used in situations in which you are asking for assistance.

Sure. No problem.

물론이죠, 문제없습니다.

상대방의 도움 요청에 긍정적인 답을 하려면 아래의 예문 중 하나를 사용할 수 있습니다.

Sure. No problem. 물론이죠, 문제없습니다.

I'd love to. 물론 도와 드리죠.

Of course I can. 물론 괜찮습니다.

Be glad to. 영광입니다.

비록 도와주고 싶지 않더라도 도와주기로 했다면 위의 예문처럼 공손한 표현으로 답변하는 것이 좋습니다.

영어 설명도 읽어보세요!

If you agree to help someone even though you don't want to, it is polite to still use one of the above expressions.

I'm sorry, but I'm kind of busy.

미안하지만 지금은 너무 바쁘네요.

◎ CD A-12-04 / B-12-04

너무 바쁘거나 다른 일 때문에 도움을 줄 수 없다면 아래의 예문을 통해 거절하는 표현을 배워보세요.

I'm sorry, but I'm kind of busy.
미안하지만 지금은 너무 바쁘네요.

I'm afraid I don't have the time now.
유감이지만 지금은 여유가 없습니다.

Now's not a good time, sorry.
지금은 도와 드릴 수가 없네요, 미안합니다.

I have too much on my plate at the moment.
지금은 해야 할 일이 너무 많습니다.

It's not a good time I'm afraid.
유감입니다만 지금은 도와 드릴 수 없습니다.

앞에서 다룬 snowed under와 마찬가지로 I have too much on my plate. 역시 할 일이 산더미처럼 쌓여있다는 의미입니다.

영어 설명도 읽어보세요!

As explained before, the expression 'snowed under' means that you have a lot of work that you need to do. The expression 'I have too much on my plate.' means the same.

자주 범하는 실수

I am some busy.는 올바른 표현이 아닙니다. 올바른 표현은 I am somewhat busy.이고, 조금 바쁘다는 의미입니다.

영어 설명도 읽어보세요!

A very common mistake I have come across in business situations is people saying 'I am some busy'. This is wrong and shouldn't be used. A suitable expression is 'I am somewhat busy', which means you are a little busy.

Topic 13

Admitting mistakes

실수 인정하기

비즈니스 상황에서 가장 어려운 일 중 하나가 자신의 실수를 인정하는 것입니다. 하지만 반드시 인정해야 할 때가 있기 마련이죠. 이번 토픽에서는 실수를 인정하는 다양한 표현에 대해 살펴보겠습니다.

I'm sorry.

미안합니다.

한국에서는 자신의 잘못에 대해 인정하는 것이 나약한 성격으로 비춰지지만, 서양에서는 실수를 인정하는 것이 긍정적인 성향으로 받아들여집니다. 무언가를 잘못했을 때 가장 먼저 해야 할 일은 사과입니다. 아래의 예문을 살펴보세요.

I'm sorry.
미안합니다.

I apologize.
사과드립니다.

My apologies.
송구스럽습니다.

apologize는 끝에 ze가 붙는 미국식 영어 표기법입니다. 영국식 표기법은 apologise입니다.

잘못에 대해 사과를 한 후, 그 잘못이 자신의 실수였다고 인정해야 합니다. 아래의 예문을 살펴보세요.

영어 설명도 읽어보세요!

The word 'apologize' is spelled 'ze' in American English and 'se' in British English (apologise).

After you have apologized for your mistake, you now need to admit that the mistake was your fault. Here are ways you can do this.

It's my fault.
제 잘못입니다.

My mistake.
제 실수입니다.

I accept full responsibility.
제가 모든 책임을 지겠습니다.

It's all my fault.
모든 것이 제 잘못입니다.

responsibility는 단어의 철자를 주의해야 합니다.

영어 설명도 읽어보세요!

When writing, be careful of how the word 'responsibility' is spelled.

 **My bad.**
제 잘못이에요.

위의 표현은 It's my fault.나 My mistake.와 동일한 의미입니다. 하지만 편한 사이의 상대에게만 사용하는 것이 좋습니다.

영어 설명도 읽어보세요!

The above expression is the same as saying 'It's my fault' or 'My mistake'. However, it should only be used in informal situations.

더 이상 같은 실수를 하지 않겠다고 다짐하기
Saying it's your last mistake

It will never happen again.

이런 일이 다시는 일어나지 않을 겁니다.

● CD A-13-02 / B-13-02

실수를 한 후 사과할 때 다시는 같은 실수를 하지 않겠다는 말을 합니다. 아래의 표현을
유용하게 사용할 수 있습니다.

This mistake will be my last.
이번이 저의 마지막 실수일 겁니다.

I will learn from this mistake.
이 실수를 통해 교훈을 얻었습니다.

It will never happen again.
이런 일이 다시는 일어나지 않을 겁니다.

That will be my last mistake.
이번이 마지막 실수가 될 겁니다.

I will make sure that it won't happen again.
장담하건대 이런 일이 다시는 일어나지 않을 것입니다.

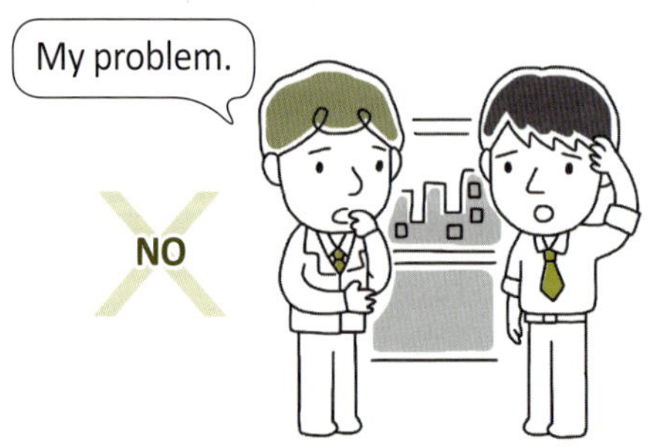

mistake와 problem을 혼동해서 실수를 인정할 때 My problem.이라고 하는 것은 잘못된 표현입니다. problem은 답변이 필요한 문제라는 의미하기 때문입니다(I need to find an answer to the problem on my math paper.).

영어 설명도 읽어보세요!

It is common to get the words 'mistake' and 'problem' confused. You should never say 'My problem' when admitting a mistake because a 'problem' is relating to something that needs an answer('I need to find an answer to the problem on my math paper.').

Let me fix it.

제가 고쳐보겠습니다.

CD A-13-03 / B-13-03

실수를 했다면 이를 바로 잡기 위해 노력해야 합니다. 아래의 예문을 통해서 그 표현을 확인하세요.

I will make every effort to rectify the situation.
이 상황을 수습하기 위해 모든 노력을 다 할 것입니다.

Let me change it.
제가 수습하겠습니다.

Let me fix it.
제가 고쳐보겠습니다.

I will edit it.
제가 수정하겠습니다.

마지막 표현 I will edit it.은 글을 쓰거나 문서작업 중 실수한 경우에만 해당되며 다른 상황에서 사용할 수 없습니다.

It's not my fault.

제 잘못이 아닙니다.

자신의 잘못이 아니라면 분명하게 밝혀야 합니다. 관련 표현을 아래의 예문에서 살펴보세요.

It's not my fault.
제 잘못이 아닙니다.

You've got the wrong person.
제가 그런 것이 아닙니다.

You've made a mistake.
당신이 저지른 실수입니다.

앞의 예문에 With all due respect을 더하면 상대방에게 불쾌감을 주지 않고 의사표현을 할 수 있습니다. 하단의 예문을 살펴보세요.

영어 설명도 읽어보세요!

The previous expressions when said alone can sound a little rude and might offend the person you are talking to. Therefore, you can say 'With all due respect' at the beginning of the sentence, which makes it less offending. Here are examples:

A With all due respect, it's not my fault.
미안하지만 그것은 제 잘못이 아닙니다.

With all due respect, you've got the wrong person.
대단히 죄송하지만 제가 그런 것이 아닙니다.

With all due respect, you've made a mistake.
유감입니다만 당신이 저지른 잘못입니다.

Topic 14

Saying goodbye

작별 인사하기

상대방과 헤어질 때 올바른 작별 인사로 좋은 인상을 줄 수 있습니다. 작별 인사는 상대방과 취한 마지막 행동이므로 더 기억에 남기도 하죠. 이번 토픽에서는 다양한 작별 인사 표현을 알아보겠습니다.

● CD A-14-01 / B-14-01

A ▶ It was nice seeing you.
만나서 반가웠습니다.

It has been a pleasure.
만나서 즐거웠습니다.

I hope to see you again soon.
곧 다시 뵙기를 희망합니다.

Speak to you again soon.
다시 이야기했으면 좋겠습니다.

Take care.
건강하세요.

Take care and Godspeed.
건강하시고 신의 가호가 함께 하시길.

Good bye.
안녕히 계세요.

Until next time, take care.
다음에 볼 때까지 건강하세요.

앞의 예문은 격식을 갖춘 자리에서 누군가와 헤어질 때 사용하는 표현입니다. 이때 good bye라는 말과 함께 미소를 짓고 악수를 하는 것도 잊지 말아야 합니다.

Godspeed라는 표현은 자주 사용되지 않는 오래된 표현입니다. 그러나 비즈니스 상황에서는 가끔 들을 수도 있습니다. 의미는 good luck in the future입니다.

영어 설명도 읽어보세요!

The above are formal ways to part company with someone. You should say good bye with a smile and a shake of the person's hand.

The expression 'Godspeed' is not a very common one and is slightly old fashioned. However, you may hear it from time to time in business situations. It means 'good luck in the future'.

See you.

또 봐.

● CD A-14-02 / B-14-02

편한 관계의 친구나 친한 직장 동료에게 작별하는 다양한 표현입니다.

Bye. 잘 가.

See you. 또 봐.

Talk to you later. 다음에 이야기하자.

Speak soon. 또 보자.

Catch up with you later. 나중에 이야기하자.

See ya. 다음에 봐.

Catch you later. 나중에 보자.

See ya later. 다음에 보자.

See you next time. 다음에 만나자.

Talking
Tip

앞의 예문 중 마지막 두 개의 표현은 특히 가벼운 표현이므로
비즈니스 상황에서는 사용하지 마세요. 나머지 표현은 상대방
과 친밀한 관계를 유지하고 있다면 사용해도 무방합니다.

영어 설명도 읽어보세요!

The last two expressions are very informal and shouldn't be used in any business
situation. However, the other expressions can be used if you have a good
relationship with the person you are talking to.

자주 범하는 실수

앞의 표현들은 대부분 같은 의미이므로 두 개 이상을 함께 사용할 수 없습
니다. 예를 들어, See you. Talk to you later.는 올바른 표현이 아닙니다.

영어 설명도 읽어보세요!

Try not to combine any of the previous sentences as many of them mean the same
thing. For example, saying 'See you. Talk to you later.' is wrong, as you are basically
saying the same thing twice.

I'm afraid I have to go.

죄송하지만 지금 가야 합니다.

● CD A-14-03 / B-14-03

급하게 자리를 떠나거나 서둘러서 헤어져야 할 경우, 아래의 예문 중 하나를 사용할 수 있습니다.

I'm afraid I have to go.
죄송하지만 지금 가야 합니다.

I'm sorry, I must get going.
미안하지만 가봐야 할 것 같습니다.

I'm afraid I have to get off now.
유감이지만 지금 가봐야 합니다.

I have to go, sorry.
저는 가야 합니다, 미안합니다.

I have to jet off.
서둘러서 가야 합니다.

jet off라는 표현은 나머지에 비해 조금 가벼운 표현으로, 서둘러서 자리를 떠나야 한다는 의미입니다. 격식을 갖춰야 하는 자리에서는 사용을 피하는 것이 좋습니다.

알아두세요. good bye.라고 말할 때, hello라고 말하는 것과 같이 행동해야 합니다. 예를 들어, hello라고 할 때 악수를 했다면 good bye라고 할 때 역시 악수를 해야 합니다.

영어 설명도 읽어보세요!

The expression 'jet off' is less formal than the others and means that you have to leave quickly. It should not be used in formal situations.

Just so you know, when you say goodbye you should do so the same way you said hello. For example, if you shook hands when you said hello, you can also shake hands to say goodbye.

성공하는 비즈니스 영어로
만남부터 협상까지!
BUSINESS
TALK
비즈니스
토크